Das Buch

Wie Geschichten entstehen und Filme, zeigt dieses Buch. Konkrete Beispiele sind drei Filme von Rainer Werner Fassbinder, deren Werdegang der Filmkritiker Hans Günther Pflaum in allen Produktionsphasen begleitete. Er beobachtete Fassbinder bei den Dreharbeiten zu ›Ich will doch nur, daß ihr mich liebt‹, ›Satansbraten‹, ›Chinesisches Roulette‹ und führte Gespräche mit dem Regisseur sowie allen wichtigen Mitarbeitern seines Teams. Das Resultat ist ein faszinierendes Werkstattbuch, das nicht nur die spezifische Arbeitsweise eines ungewöhnlich kreativen wie produktiven Regisseurs dokumentiert, sondern zugleich auch die Muster der allgemeinen Abläufe bei der Filmarbeit und deren wesentliche Aspekte anschaulich zeigt. In chronologischer Reihenfolge beschreibt es den Weg von der Idee zum Drehbuch, beschäftigt sich mit der Planungsphase, Finanzierungsproblemen und Kalkulationszwängen, der Rollenbesetzung und der Zusammenstellung des Stabes, erläutert, welche Bedeutung Kamera, Licht und Farbe zukommen, berichtet von der Arbeit mit den Darstellern, informiert über Ton und Schnitt und schildert schließlich, wie der fertige Film vom Verleih in die Kinos gebracht wird. Dieses spezielle Buch über den Filmemacher Rainer Werner Fassbinder erlaubt zugleich einen sonst selten gewährten Blick hinter die Kulissen des Filmemachens.

Die Autoren

Hans Günther Pflaum, 1941 in München geboren. Studium der Germanistik, Zeitungswissenschaft, Theatergeschichte. 1972 bis 1976 Redakteur der ›FILM-Korrespondenz‹. Seither freier Journalist und Filmkritiker für die ›Süddeutsche Zeitung‹ und verschiedene Rundfunk- und Fernsehanstalten sowie seit 1977 Herausgeber von ›Jahrbuch Film‹.
Rainer Werner Fassbinder, geboren 1946 in Bad Wörishofen. 1967 Schauspieler, Regisseur und Autor am Münchener »action-theater«. 1968 Mitbegründer des »antiteater«, mit dessen Team er 1969 seinen ersten Spielfilm ›Liebe ist kälter als der Tod‹ drehte. Seitdem rund 30 Spielfilme, Theaterstücke und Inszenierungen.

Hans Günther Pflaum /
Rainer Werner Fassbinder:
Das bißchen Realität, das ich brauche
Wie Filme entstehen

Deutscher
Taschenbuch
Verlag

Bildnachweis: Bavaria, Filmverlag der Autoren und Hans Günther Pflaum

Ungekürzte Ausgabe
Oktober 1979
Deutscher Taschenbuch Verlag GmbH & Co. KG, München

ISBN 3-446-12283-4
Umschlaggestaltung: Celestino Piatti unter Verwendung eines Fotos von den Drehaufnahmen zu ›Satansbraten‹
Gesamtherstellung: Kösel, Kempten
Printed in Germany · ISBN 3-423-01491-1

Inhalt

Wie Geschichten entstehen

Kaum länger als ein halbes Jahr hat Rainer Werner Fassbinder dazu gebraucht, um seine Filme Nr. 26, 27 und 28 (das Zählen wird immer schwieriger) zu drehen: ›Ich will doch nur, daß ihr mich liebt‹, ›Satansbraten‹ und ›Chinesisches Roulette‹. Ein weiteres Projekt hatte er in dieser Zeit vorbereitet, die Zwerenz-Verfilmung ›Die Erde ist unbewohnbar wie der Mond‹, deren Realisierung vorerst am Ausbleiben einer zunächst einkalkulierten Unterstützung durch die Filmförderungsanstalt gescheitert ist.

In den drei realisierten Projekten ist Fassbinder einer Äußerung treu geblieben, die er einmal mehr oder minder beiläufig nach der Fertigstellung der ›Effi Briest‹ gemacht hat: er werde künftig nur mehr ihn unmittelbar betreffende Stoffe realisieren. Seine verblüffende, oft auch provozierende Produktivität hält er auch als Autor durch – und unmittelbar nach dem letzten Drehtag für ›Chinesisches Roulette‹ (Pfingstsonntag, 6. Juni 1976, am gleichen Tag dreht er auch noch als Schauspieler in Ulli Lommels neuem Film eine Szene an einem etwa 70 Kilometer entfernten Drehort) fährt Fassbinder in die USA, um die Arbeiten an seinem ersten Roman zu beginnen. Für drei Tage kommt er im Juli zur Synchronisation von ›Chinesisches Roulette‹ nach München.

Von den drei im ersten Halbjahr 1976 fertiggestellten Filmen reicht nur einer mit seiner Entstehungsgeschichte (nicht nur mit seinen Motiven) weiter zurück; etwa ins Jahr 1970. Damals hatte er fünf Projekte, die er realisieren wollte, oder, wie er sagt, »so eine Anzahl von Ideen«. Drei davon hat Fassbinder zwischen 1971 und 1973 abgeschlossen: ›Der Händler der vier Jahreszeiten‹ (1971), ›Angst essen Seele auf‹ (1973) und ›Martha‹ (1973). Das vierte Vorhaben wurde vermutlich 1978 realisiert: ›Die Ehe der Maria Braun‹, Fassbinder hatte für die Hauptrolle ursprünglich Romy Schneider vorgesehen, drehte dann aber doch mit Hanna Schygulla. Das fünfte schließlich ist die WDR-Produktion ›Ich will doch nur, daß ihr mich liebt‹, gedreht im Winter 1975/76.

»Das war so ein Paket an Geschichten, die ich hatte. Ich konnte sie nicht alle machen, es gab auch andere Sachen, so hab ich ganz allmählich versucht, das alles zu realisieren.«

Natürlich hat sich eine Geschichte wie ›Ich will doch nur, daß ihr mich liebt‹ im Verlauf einiger Jahre in der Vorstellung Fassbinders verändert. »Als ich sie zum ersten Mal dem Märthesheimer und dem

Erika Runge, Fassbinder und Vitus Zeplichal bei den quasidokumentarischen Aufnahmen für ›Ich will doch nur, daß ihr mich liebt‹

Rohrbach erzählte, das war 1971, da haben beide gesagt, das sei nur eine Remake von ›Warum läuft Herr R. Amok?‹, das brauche man nicht zu machen. Vielleicht habe ich diese Geschichte damals auch so erzählt. Dann hab ich sie ihnen drei, vier Jahre später nochmals erzählt, da fanden sie's ganz toll. Da hatte ich auch das Protokoll, auf das die Geschichte zurückgeht, ein paar Jahre lang nicht mehr gelesen; es ist halt meine Geschichte geworden. Vermutlich haben die dann beim zweiten Mal bei meiner Erzählung so eine Dringlichkeit gesehen, die Geschichte zu machen!«

Daß Fassbinder beim ersten Anlauf die Zustimmung des WDR zur Realisierung dieser Geschichte (das vom Regisseur erwähnte Protokoll stammt aus ›Lebensläufe‹ von Klaus Antes und Christiane Erhardt) noch nicht erhalten konnte, führt Peter Märthesheimer auf andere Gründe zurück. Durch den Stop von Fassbinders Familienserie ›Acht Stunden sind kein Tag‹ war eine Produktionslücke entstanden, und Fassbinder konnte ein Ersatzprojekt realisieren; er habe dem WDR damals die Wahl zwischen zwei Projekten gelassen.

Fassbinder im Gespräch mit Hans Günther Pflaum

Das zweite war ›Martha‹, dem man dann zunächst den Vorzug gegeben hatte.

Der Frage, ob sein Engagement, das den Dramaturgen und den Produzenten des Westdeutschen Rundfunks überzeugte, autobiografischer Natur gewesen sei, weicht Fassbinder zunächst beharrlich aus: »Was ist schon autobiografisch?« Aber kaum ein anderer Titel einer Fassbinder-Geschichte ist ähnlich direkt als Bekenntnis der eigenen Person zu sehen; noch auffälliger dabei erscheint mir, daß es zahlreiche Momente in diesem Film gibt, vor allem bei den quasi-dokumentarischen Gesprächen zwischen dem Hauptdarsteller Vitus Zeplichal und der Dokumentaristin Erika Runge, in denen selbst noch im Gestus eine nicht zu übersehende Ähnlichkeit zwischen der Filmfigur und ihrem Regisseur entstanden ist. »Natürlich, ich habe schon versucht, den Vitus so zu inszenieren, daß er das so spielt, wie ich das spielen würde, weil dies dann schon meine Wirklichkeit ist; eine erfundene freilich, die wirklicher ist als eine nachgestellte, denn diese würde die Phantasie kastrieren.«

›Chinesisches Roulette‹: Kameramann Michael Ballhaus (Mitte) beim Einrichten der nebenstehenden Szene mit Alexander Allerson, Anna Karina und Ulli Lommel

Beim Nachfragen räumt Fassbinder ein, daß ihn eigentlich nur Geschichten interessieren, die ihn auch als Person betreffen. »Daß ich überhaupt Lust habe, sie zu machen, das hat schon etwas damit zu tun, daß ich darin was von mir entdecke. Ich lese doch tausend Sachen, und wenn man dann gerade die und nicht irgendeine andere macht, so muß das was mit einem selbst zu tun haben. Vielleicht hat man, wenn man viele Filme macht, auch einen anderen Antrieb, und der ist bei mir wahrscheinlich mehr persönlicher Art; wenn ich jedes Jahr nur einen Film machen würde, würde das vermutlich anders aussehen.«

»In den letzten Jahren weiß ich immer, wie so eine Geschichte vom Rainer entsteht, ich entdecke da auch viele private Einzelheiten und Zusammenhänge, aber ich spreche da eigentlich nicht mit ihm darüber«, erzählt sein »dienstältester« Mitarbeiter, der Schauspieler Kurt Raab. Wer Fassbinder weniger kennt, wie Macha Méril (Hauptdarstellerin in Godards ›Une femme Mariée‹), die in ›Chinesisches Roulette‹ zum ersten Mal mit ihm arbeitete, findet schwerer

Zugang: »Er ist ein richtiger Autor, weil niemand versteht, was er will, ›a bastard‹, wie Godard.« Kam der Anstoß zu ›Ich will doch nur, daß ihr mich liebt‹ von außen, durch einen authentischen »Fall«, so ist die Ausführung dann doch von einem starken persönlichen Interesse Fassbinders an dieser Geschichte bestimmt. Ebenso persönlich, jedoch mit umgekehrten Vorzeichen und einem nicht weniger bekenntnishaften Titel, ist ›Satansbraten‹ zu verstehen, ein Film, mit dem Fassbinder eine fast masochistische Selbstabrechnung betreibt, wenn auch das überaus skeptische Weltbild in beiden Arbeiten (und in ›Chinesisches Roulette‹) das gleiche geblieben ist. Die Ausgangsidee liegt in einer ganz privaten Angst Fassbinders.

»Plötzlich fiel mir irgendwann einmal ein, wie denn das wäre, wenn ich etwas machen würde, von dem nach der Fertigstellung die Leute sagen würden ›das gibt's ja schon‹, und zwar ganz exakt. Dann war da noch eine andere Geschichte, die ist mir in Bochum eingefallen. So ein Romanautor, der sich ins Ruhrgebiet zurückzieht, dort mit einer Wirtin lebt und einen Roman schreibt. Und den

Rückblende in die Kindheit zur Erklärung der Figur. ›Ich will doch nur, daß ihr mich liebt‹

ganzen Film über sollte man verfolgen können, wie der wirklich hart daran arbeitet, zehn bis vierzehn Stunden am Tag. Als das fertig ist, stellt er fest, daß es genau das schon einmal gegeben hat. Diese Idee hat dann auch wieder jahrelang geruht, war verdrängt oder verschollen in meinem Unterbewußtsein.«

Nicht zu klären ist, ob es ein kurioser Zufall oder ein auslösendes Moment oder beides ist, daß in Ansätzen sich diese Angst genau in der Vorbereitungszeit zu ›Satansbraten‹ erfüllt hat. Die Story von ›Ich will doch nur, daß ihr mich liebt‹ gleicht in einigen nicht unwichtigen Motiven verblüffend genau dem Fernsehspiel ›Florian‹, das Klaus Emmerich (nach Gabriele Wohmann) vor wenigen Jahren für das ZDF inszeniert hat. Fassbinder betont, daß er es nie gesehen hat – aber er hat mit Elke Aberle sogar die gleiche Hauptdarstellerin wie Emmerich gewählt. Und dann taucht in ›Ich will doch nur, daß ihr mich liebt‹ einmal eine böse Nachbarsfrau auf – sie heißt Emmerich ...

Andere Motive aus Fassbinders Kindheit sind auch bei ›Satansbraten‹ hinzugekommen. Er erzählt von dem Haushalt, in dem er

Vitus Zeplichal, Ernie Mangold und Alexander Allerson in ›Ich will doch nur, daß ihr mich liebt‹

aufgewachsen ist. Verschiedene Leute haben da gelebt; sein Vater, der eine Arzt-Praxis hatte, Patienten gingen ein und aus, »Amerikaner und Juden« wohnten im hinteren Teil der Wohnung, wo seine Großmutter eine Pension betrieb. Fassbinder erzählt auch von den literarischen Ambitionen seines Vaters, der gern ein Dichter gewesen wäre. »Und ich stelle mir vor, wie glücklich der gewesen wäre, wenn ihm so ein Gedicht gelungen wäre – bis er plötzlich feststellen muß, daß es sein Gedicht schon einmal gegeben hat. Das waren viele Wege, bis diese Geschichte so geworden ist, wie sie jetzt ist.«

Aus einem derartigen Puzzle-Spiel von autobiografischen Momenten, Ängsten und Erfahrungen kann natürlich keine realistisch erzählbare Geschichte entstehen; insofern hat auch die Genesis des Drehbuchs bereits in den Inszenierungsstil eingegriffen. Eine zusätzliche literarische Ebene spielt herein, die freilich ebenfalls mit Fassbinders eigener Biografie zu tun hat.

»Ich habe persönliche Beziehungen zu Menschen gehabt, und irgendwann dann lese ich einen Roman und sehe, daß genau diese Beziehung, die ich selbst hatte, vor 30 Jahren exakt beschrieben worden ist. Dabei denkt man, daß so eine Beziehung etwas ganz Persönliches sein müsse. Das ist mir bei Montherlant so gegangen, bei ›Herbart und die Frauen‹; die Beziehung, die da beschrieben wird, ist genau so eine, wie ich sie auch zu einer Frau hatte – bis hinein in die merkwürdigsten Einzelheiten. Vielleicht ist ›Satansbraten‹ nur eine Verarbeitung dieser Geschichte; auf diese Art und Weise würde ich dann schon sagen, der Film ist autobiografisch. Aber eben keine Nacherzählung.«

Nach längerem Nachfragen scheint Fassbinder plötzlich selbst überrascht zu sein über die Entstehungsprozesse seiner Geschichten. »Da fällt mir wirklich auf, daß die Wege, wie manche meiner Filme entstanden sind, sehr komische Umwege waren – gerade bei ›Satansbraten‹ hat es wirklich sehr viele verschiedene Stationen gegeben.«

Selten hat Fassbinder auch so direkt, mit fast zynischer Offenheit, die sexuellen Aspekte einer Geschichte behandelt wie in ›Satansbraten‹. »Ich meine schon, daß es halt wirklich die Künstler sind, die sich so eine kaputte Form von Sexualität leisten und sie auch eher ausleben können; ich finde, daß andere Menschen eher Angst haben und diese merkwürdigen Sehnsüchte, die sich meine Figur Walter Kranz da leistet, eher verdrängen.«

Die eigentliche Antriebskraft für ›Satansbraten‹ scheint letztlich Fassbinders unbarmherziger Wille zur Abrechnung mit sich selbst gewesen zu sein. (Bezeichnenderweise steht dann im Mittelpunkt seines folgenden Films ›Chinesisches Roulette‹ ein sehr hart praktiziertes »Wahrheitsspiel«!)

»Mir schien das eine Figur zu sein, die speziell bei Schwierigkeiten mit der Arbeit diese umsetzt in so merkwürdige Aktionen.« Walter Kranz ist in der Tat halb Künstler, halb durchdrehender Bürger, der die Freiheit nicht hat, die er zu zelebrieren versucht. »Das halte ich schon für etwas sehr Reales. Ich habe den Eindruck, daß alle außer den wirklich Ausgeflippten, die sich ein Ausleben solcher verquerer Sexualität gestatten, sich unheimlich an so bürgerliche Werte klammern. Wahrscheinlich mehr, als das jemand nötig hat, der sich nicht so viel gestattet.«

Die meisten seiner Geschichten hat Fassbinder in bezug auf ganz bestimmte Darsteller entwickelt, die sie dann verkörpern sollten. Das war von Anfang an so, wenn auch nicht immer so offensichtlich wie etwa in ›Angst essen Seele auf‹. Ein Extremfall dabei ist ›Chinesisches Roulette‹, ein Film, für den zunächst nur der Schauplatz da war, ein kleines Schloß in Unterfranken, und die Absicht des Regisseurs, mit einigen Schauspielern zusammenzuarbeiten. Fassbinder und sein Kameramann Michael Ballhaus hatten sich vorgestellt, »es müßte unheimlich schön sein, in Stöckach zu drehen, zusammen mit Ulli Lommel, Margit Carstensen und Kurt Raab und Anna Karina«. Verbunden damit war offensichtlich der Wunsch, für einige Wochen mit einem ganzen Team im gleichen Haus nicht nur zu arbeiten, sondern auch zu leben, völlig abgeschieden auf dem Land. Fassbinder, der deswegen von einer Mitarbeiterin keineswegs bösartig als »Terrorist« bezeichnet wurde, muß fasziniert gewesen sein von der Situation gemeinsamen Eingesperrtseins. »Die hatten sonst, in den Städten, immer Möglichkeiten, auszuweichen.«

Einmal nur, während der sieben Wochen in Stöckach, ist Fassbinder nach Cannes gefahren; er war am dort gelaufenen Film des Schweizers Daniel Schmid beteiligt. Eine weitere »Ablenkung« in Stöckach waren die in diese Zeit fallenden Dreharbeiten eines Films von Ulli Lommel, in dem Fassbinder als Darsteller mitwirkte.

Die Story von ›Chinesisches Roulette‹ wurde praktisch erst entwickelt, als Darsteller und Schauplatz feststanden. Die kurzfristige Vorbereitung erklärt sich auch durch das kaum erwartete negative Votum der Projektkommission zu ›Die Erde ist unbewohnbar wie der Mond‹ – ursprünglich hatte Fassbinder dieses Projekt nach dem ›Satansbraten‹ realisieren wollen.

Die Grundidee ist Fassbinder »zwischen zwei Einstellungen im ›Satansbraten‹ eingefallen«: Ein Ehepaar trennt sich am Freitagnachmittag, angeblich, um berufliche Reisen zu unternehmen. Die beiden treffen sich jedoch unbeabsichtigt auf ihrem gemeinsamen Landsitz wieder – jeweils von einem Liebhaber begleitet. Ursprünglich sollte die Geschichte mit der Ermordung beider Liebhaber enden. »Nach der Tat wäre das Ehepaar dann glücklich und zufrieden nach Hause gefahren«, erzählt Fassbinder. Von dieser Idee aus wurde die Geschichte entwickelt.

»Wieso, hab ich mir überlegt, hat dieses Ehepaar so feste Liebhaber. Da kam ich auf Schwierigkeiten mit ihrem Kind; nun wollen sie also deshalb aus ihrer Ehe raus, nicht so richtig zwar, aber doch als echte Ausweichmöglichkeit; so hat sich bei mir das Kind als Idee festgesetzt. Und dann hab ich gedacht, das Kind müßte, um wirklich eine Gefahr zu bedeuten, intelligenter sein als alle anderen – und das sind eben gebrechliche Kinder. So kam das. Dann brauchte das Kind noch einen ›Partner‹, da kam ich auf die ›Traunitz‹, die auch von diesen modernen Eltern her ein besonders guter Partner für das Kind sein sollte. So wurde sie eine Mischung aus Kindermädchen und Erzieherin, die selbst auch ein Gebrechen hat, sie ist stumm. Ich

Schloß Stöckach in Unterfranken

habe mir dann überlegt, daß das Haus ja nicht immer allein stehen kann, in der sogenannten Wirklichkeit, daraus ist die ›Kast‹ entstanden, dazu ihr Sohn, der ein Dichter sein möchte und alles abschreibt, was übrigens noch gar nicht im Drehbuch steht.«

Die Geschichte, die Fassbinder daraus gemacht hat, ist nach allen Seiten hin offen, vieles bleibt ungeklärt; wenn der Film endet, geht die Geschichte eigentlich noch weiter. Stärker als jemals vorher in einem Film Fassbinders soll hier der Zuschauer die Möglichkeit erhalten, die Erzählung selber mit eigenen Erfahrungen aufzufüllen und zu Ende zu denken. »Wenn dabei die Beziehungen zwischen den Figuren von uns aus stehen, dann hat auch der Zuschauer die Möglichkeit, seine eigene Wirklichkeit einzubringen.«

Dennoch mißt Fassbinder seiner Story gerade hier nicht viel Bedeutung bei. »Grundplots gibt es ja nicht viele; es ist schon wesentlicher, was dem Zuschauer damit für eine Möglichkeit geboten wird, seine Realität aufzubrechen. Selbst bei Filmen, bei denen es auch von einer anderen Seite her wichtig ist, daß sie gedreht wurden, hat es keinen Sinn, sie auf ihre Story zu reduzieren.« Fassbinder meint damit vor allem auch seine eigenen Arbeiten wie

›Der Händler der vier Jahreszeiten‹, ›Angst essen Seele auf‹ und ›Mutter Küsters Fahrt zum Himmel‹. »Wenn man von ›Mutter Küsters‹ die Geschichte nacherzählt, ohne auf die Bilder zu achten, so ist das einfach falsch. Da haben wir Bilder gemacht, die einengen, die den Menschen so wenig Luft lassen, daß ich das Gefühl habe, daß man gegen diese Einengung eben nur mehr mit ganz brutalen Mitteln ankommt. Selbst da finde ich also die Bilder wichtig, und die Bewegungen, mit denen da was erzählt wird. Ich glaube, beim Film reicht es eben nicht, sich einfach was auszudenken, was erzählenswert wäre, denn das ist nur der halbe Weg. Darum finde ich auch so wichtig, in welcher Atmosphäre und Zusammensetzung Filme gemacht werden; sonst müßte man ja nur irgendwelche klugen soziologischen Bücher nehmen und sie irgendwie umsetzen ... Aber das sind Binsenweisheiten!«

Im Gegensatz zu manchen seiner Kollegen sieht Fassbinder methodische Unterschiede zwischen einer Arbeit fürs Kino oder fürs Fernsehen – wenngleich ein relativ großer Teil seiner Filme auch am Bildschirm zu sehen war und teilweise, wie ›Der Händler der vier Jahreszeiten‹ zum Beispiel, schon für beide Medien produziert wurde. Dabei geht es weniger um die sogenannten »Freizügigkeiten« und Angst vor Eingriffen der Dramaturgen, die ihrerseits wieder Angst vor den Angriffen der Zuschauer haben könnten; Unterschiede sieht Fassbinder einfach im »Schwierigkeitsgrad«.

Die Sicht der Welt ist in ›Ich will doch nur, daß ihr mich liebt‹, in ›Satansbraten‹ und ›Chinesisches Roulette‹ im Grunde schon die gleiche, doch sieht auf den ersten Blick die Fernsehproduktion unter diesen Filmen harmloser und leichter zugänglich aus und gleicht, trotz des Raffinements der Kamera, ein wenig dem, was man in den fünfziger Jahren als »Problemfilm« bezeichnete. »Einem Kinopublikum«, glaubt Fassbinder, kann man seine Vorstellungen »auf kompliziertere und wohl auch gefährlichere Weise anbieten. Ich meine schon, daß man durch die ungeheuere Zahl von Leuten, die einen Film im Fernsehen anschauen, eine andere Art von Verantwortung zu übernehmen hat. Für ein Fernsehpublikum halte ich einen Film wie ›Ich will doch nur, daß ihr mich liebt‹ dann schon richtiger als etwa ›Satansbraten‹, der zunächst einmal für ein Kinopublikum gedacht ist, das, um einen Film überhaupt sehen zu können, schon mal ganz andere Anstrengungen unternehmen muß; da geht schon eine ganz andere Entscheidung voraus.«

Handwerklich bestehen für Fassbinder indessen keine nennenswerten Unterschiede zwischen Kino- und Fernsehproduktionen. ›Ich will doch nur, daß ihr mich liebt‹ wurde zwar auf 16-mm-Mate-

Kurt Raab und Margit Carstensen in ›Satansbraten‹

rial gedreht, dies brauchte vielleicht ein bißchen mehr Licht bei den Aufnahmen und war diffiziler zu behandeln am Schneidetisch als das übersichtlichere 35-mm-Format, aber als Regisseur geht Fassbinder davon aus, daß »richtig gemachte Filme« im Kino und am Bildschirm ihre Wirkung haben. Während der Dreharbeiten scheint sich für ihn dadurch kaum etwas zu verändern, denn für ihn, der ohnehin sein Augenmerk vor allem auf die inneren und äußeren Haltungen seiner Figuren richtet, spielen die angeblich kinotypischen Totalen und die angeblich fernsehtypischen Großaufnahmen ohnehin eine eher untergeordnete Rolle. So gibt es in ›Ich will doch nur, daß ihr mich liebt‹ allenfalls eine Spur mehr Großaufnahmen, und in den beiden Kinofilmen wird als Einstellungsart die Halbtotale noch konsequenter bevorzugt. Lediglich bei besonderen Akzentuierungen kann sich Fassbinder unterschiedliche Möglichkeiten vorstellen: Dinge, die er für wichtig hält, wird er in einer Fernsehproduktion eher »als Großaufnahme bringen, als den Weg über die Totale zu gehen, aber das ist für mich wirklich der einzige handwerkliche Unterschied: ich habe auch meine Kinofilme auf dem Bildschirm immer sehr gern gesehen.«

Wie konkret Fassbinder andererseits die »andere Art von Verantwortung« gegenüber dem Fernsehpublikum auffaßt, das zeigt eine Äußerung in einem Interview für die Programmbroschüre des Westdeutschen Rundfunks zur Produktion von ›Ich will doch nur, daß ihr mich liebt‹. Fassbinder hatte die Absicht, mit Bildern aus der Phantasie seines Protagonisten deutlich zu machen, daß der Mord, den er später begeht, eigentlich seinem Vater gilt. »Ich werde die Szene drehen, aber ich werde sie nur dann in dem Film lassen, wenn es gelingt, diesen imaginären Vatermord als etwas zu zeigen, was für den Sohn passieren mußte, was für ihn, der auf eine bestimmte Art so alt geworden ist, wie er geworden ist, zwingend und unausweichlich war. Wenn sich das nicht auf den Zuschauer überträgt, werde ich es natürlich nicht in dem Film lassen, auch nicht als die Traumszene, als die ich es geschrieben habe.«

Die hier beschriebene Szene ist in der am 23. März 1976 im Programm der ARD ausgestrahlten Fassung nicht mehr enthalten.

Das ursprünglich für die Zeit, in der dann ›Chinesisches Roulette‹ gedreht wurde, vorgesehene Projekt Fassbinders wurde zwar heftiger diskutiert als alle anderen seiner Arbeiten, realisieren jedoch konnte er es nicht: die Verfilmung des Romans von Gerhard Zwerenz, ›Die Erde ist unbewohnbar wie der Mond‹, erschien bereits 1973. Fassbinder hatte den Roman zudem auch als Vorlage für ein Theaterstück benützt: ›Der Müll, die Stadt und der Tod‹ löste

Brigitte Mira und Hannes Kaetner in ›Satansbraten‹

bei seinem Erscheinen im Suhrkamp-Verlag eine erbittert geführte öffentliche Kontroverse aus, die fast synchron verlief mit dem Scheitern des Filmprojekts. Fassbinders Produktionsfirma Albatros hatte das Projekt bei der Filmförderungsanstalt eingereicht, die Projektkommission lehnte jedoch den Antrag zur Förderung ab.

»Die Vergabe ... erscheint schon deswegen nicht gerechtfertigt, weil der Stoff und dessen filmische Umsetzung eine das Kino befriedigende Auswertung nicht erwarten lassen. Erhebliche Zweifel an der Wirtschaftlichkeit des Projekts sind bei der Ablehnung nicht alleine ausschlaggebend. Das Projekt entgeht auch in seiner allerdings nur oberflächlich korrigierten Fassung nicht der Gefahr, antisemitische Vorurteile zu bestätigen oder neue Vorurteile dieser Art zu provozieren. Die Hauptfigur des Films, der Jude Abraham, entspricht in all seinen Charaktereigenschaften jenem Feindklischee, wie es Adolf Hitler im 11. Kapitel ›Volk und Rasse‹ von ›Mein Kampf‹ beschrieben hat. Da sich das Judentum als religiöse Gemeinschaft definiert, steht einer Förderung auch § 7, Abs. 9 des Filmförderungsgesetzes, ›Verletzung des religiösen Empfindens‹ entgegen. Die Filmförderungsanstalt kann und darf nicht verpflichtet werden, auf dem Umweg über die Projektförderung an einem Unternehmen teilzuhaben, das unübersehbaren Schaden im In- und Ausland befürchten läßt.« (Aus der Ablehnungsbegründung der Projektkommission.)

»Ja, was soll ich dazu sagen? Daß ich es nicht antisemitisch finde, weil ich es sonst nicht gemacht hätte. Es ist sicherlich ein Projekt, das Schwierigkeiten hat und bei dem man sehr vorsichtig und sehr zärtlich auch an eine Figur herangehen muß, die in dem Fall ein Jude ist, mit gewissen negativen Vorzeichen ... eine gebrochene Figur, die sich gezwungen sieht, Sachen zu machen, die man ablehnen kann.« (Fassbinder)

Nach der zweimaligen Ablehnung durch die Projektkommission der Filmförderungsanstalt dürfte es in absehbarer Zeit kaum möglich sein, das Vorhaben zu finanzieren, für das ein Budget von mindestens eineinhalb Millionen Mark erforderlich wäre. Mit der Hypothek der Ablehnungsbegründung belastet (vor allem mit dem schwerwiegenden Vorwurf der »Verletzung religiösen Empfindens«) dürfte das Projekt auch einem möglichen Co-Produktions-Partner in den Fernsehanstalten nun als zu riskant erscheinen.

Während die im März 1976 entbrannte Diskussion wieder abflaute, wurde der Roman von Gerhard Zwerenz dennoch von einem Film aufgegriffen: Der Schweizer Regisseur Daniel Schmid inszenierte ›Schatten der Engel‹, das Drehbuch basiert auf dem Theaterstück ›Der Müll, die Stadt und der Tod‹. Fassbinder war an dem Projekt auch als Produzent und Hauptdarsteller beteiligt.

Kurt Raab und Ellen Eckelmann in ›Satansbraten‹

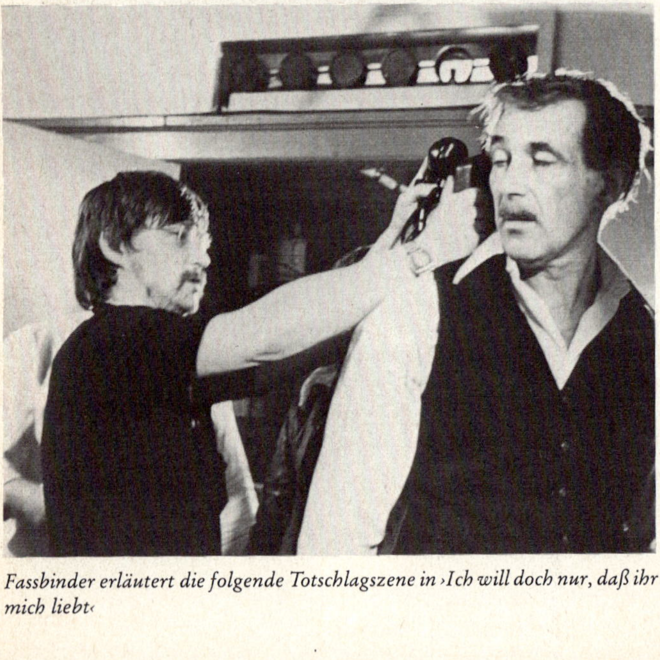

Fassbinder erläutert die folgende Totschlagszene in ›Ich will doch nur, daß ihr mich liebt‹

›Ich will doch nur, daß ihr mich liebt‹ entstand als Bavaria-Produktion im Auftrag des Westdeutschen Rundfunks. ›Satansbraten‹ ist frei finanziert worden (Produktion: Fassbinders und Michael Fenglers Firma »Albatros«), ›Chinesisches Roulette‹ wurde einerseits mit Geldern der Filmförderungsanstalt (aus der automatischen »Grund- und Zusatzförderung«, für ›Angst essen Seele auf‹) hergestellt, andererseits mit Mitteln eines französischen Co-Produzenten.

›Satansbraten‹ wurde mit einem erstaunlich geringen Budget von etwa 500000 Mark hergestellt; für die Produktion von ›Ich will doch nur, daß ihr mich liebt‹ hat die Bavaria mit rund 800000 beim WDR abgerechnet; ›Chinesisches Roulette‹ wurde auf etwa 1,1 Millionen Mark kalkuliert. Diese Zahlen sind teilweise etwas irreführend, denn Fassbinder hat seine Gagen als Autor und Regisseur nicht immer voll eingesetzt, sondern als Rückstellungen behandelt. (Eine Vergleichszahl: Sinkel/Brustellins ›Berlinger‹ kostete 1,7 Millionen Mark, Schlöndorffs Produktionskosten für ›Die verlorene Ehre der Katharina Blum‹ lagen etwa in gleicher Höhe.)

Schon die Höhe der Budgets läßt eine Eigenschaft Fassbinders erkennen, um die ihn manche seiner Kollegen beneiden dürften: Von Anfang an hat er sich nie durch finanzielle Probleme davon abhalten lassen, Filme zu machen; notfalls, wie mit ›Satansbraten‹, dreht er lieber einen äußerst billigen Film, mit einem entsprechend realisierbaren Sujet. Zudem kann er, im Gegensatz zu den meisten seiner Kollegen, eigentlich immer auf ein Team zurückgreifen, auf Leute, die auch dann in einem Film mitmachen wollen und können, wenn es kaum oder wenig Geld dafür gibt.

Fassbinder ist auch ein Virtuose, wenn es darum geht, ein Sujet einem Budget anzugleichen. Auch dies eine Tugend, wenn man sich jene zahlreichen unterfinanzierten Filme jüngerer deutscher Regisseure ins Bewußtsein ruft, deren »Mängel« in erster Linie auf zu niedrige Budgets zurückzuführen sind. So ist es durchaus glaubwürdig, wenn Fassbinder meint, daß die billigeren unter seinen Filmen auch dann nicht anders ausgesehen hätten, wenn er mehr Geld dafür gehabt hätte. Er weiß auch, daß er für ein Projekt, das er unbedingt realisieren möchte, gegenwärtig in der Bundesrepublik wohl auch das Geld dafür auftreiben könnte. »Aber ich weiß nicht, ob ich da der rechte Maßstab bin; dadurch, daß ich wahn-

Fassbinder und Kurt Raab in Ulli Lommels Film ›Adolf und Marlene‹

sinnig gern Filme mache, würde ich eben alles dafür tun und tun können.«

Fassbinder zweifelt aber dennoch daran, ob er ein guter Produzent geworden wäre, denn im Geldauftreiben für andere Leute findet er sich nicht besonders gut. »Das kann ich wieder nur, wenn es mit irgendwelchen persönlichen Beziehungen zu tun hat; für einen Freund – dann ja, aber es müssen schon meine Freunde sein.« Während seiner letzten drei Regie-Arbeiten war er über die »Albatros« an drei weiteren Filmen als Produzent beteiligt, an Daniel Schmids ›Schatten der Engel‹, an Michael Fenglers ›Schattenboxer‹ und an Ulli Lommels ›Adolf und Marlene‹.

Trotz oder gerade wegen seiner Einschränkungen wären Produzenten vom Typus Fassbinder hierzulande höchst wünschenswert; denn Produzenten, die nur mit bestimmten Regisseuren zusammenarbeiten können oder wollen, sind wohl auch eher bereit, mit diesen dann spezifische Entwicklungen zu riskieren, wie immer sie aussehen mögen. Hollywood ist das beste Beispiel dafür – oder auch ein von Fassbinder produziertes B-Picture wie ›Zärtlichkeit der Wölfe‹. Kein Zufall ist es dann eben, wenn ausgerechnet bei der über die reiche Bavaria abgewickelten Produktion ›Ich will doch nur, daß ihr mich liebt‹ das nötige Gerät für eine Einstellung aus Sparsamkeitsgründen nicht zur Verfügung steht, das sich Fassbinder für eine eigene Produktion vermutlich geleistet hätte.

Detaillierte Kalkulationspläne werden in der Regel von keiner Filmproduktionsfirma öffentlich zugänglich gemacht; ein Laie kann sich in der Regel kaum vorstellen, wie viele einzelne Posten für die Herstellung eines Films kalkuliert werden müssen und was daran, neben legendären Stargagen, eine Produktion eigentlich so kostspielig macht. Die »Albatros« hat für die Veröffentlichung in diesem Buch dennoch dankenswerterweise eine Kalkulation von ›Satansbraten‹ zur Verfügung gestellt. In der nebenstehenden Übersicht sind, dem bei der »Albatros« üblichen Formblatt gemäß, der Übersichtlichkeit halber auch diejenigen Posten enthalten, für die bei der Kalkulation des ›Satansbratens‹ keine Mittel veranschlagt werden mußten.

Gruppe I

Nr.	Position	Betrag	Summe	
1	Vorkosten			
2	Recherchen			
3	Reisespesen Recherchen			
4	Informationsmaterial	500,-		
5	Vervielfältigungen, Material			
6	Motivsuche	500,-		
7	Reisespesen Motivsuche			
8	Fotomaterial Motivsuche			
9	Spesen Verhandlungen			
10	Spesen Vororganisation	1000,-		
11	Telefon, Porti Vororg.	500,-		
12	Taxi, Benzin Vororg.			
13				
14			Sa. I:	2500,-

Gruppe II

Nr.	Position	Betrag	Summe	
15	Nutzungsrechte			
16	Verfilmungsrecht			
17	Autorenrechte Exposé			
18	Autorenrechte Treatment			
19	Autorenrechte Drehbuch	50000,-		
20	Vervielfältigung	500,–		
21	Übersetzungen	380,–		
22	Verlagsrechte Musik	3000,–		
23	Auftragskomposition	5000,–		
24			Sa. II:	58880,–

Gruppe III

Nr.	Position	Betrag	Summe	
25	Gagen Produktionsstab			
26	Herstellungsleiter	15000,–		
27	Produktionsleiter	10000,–		
28	1. Aufnahmeleiter	4500,–		
	2. Aufnahmeleiter	3500,–		
	Produktions-Assistent/ Aufnahmeleiterhilfe	1500,–		
29	Produktions-Sekretärin Kassier/Filmgeschäftsführung	4000,–	Zw.-Sa. III:	38500,–
30	Gagen Regiestab			
31	Regisseur	50000,–		
32	Regieassistent	4000,–		
33	Kameramann	10000,–		
34	Kameraassistent	4800,–		

35	Tonmeister	2500,–		
36	Tonmeisterassistent			
37	Regieassistent	2500,–		
	Materialassistent			
38	Script	2000,–		
	Ateliersekretärin			
39	2. Kamera		Zw.-Sa. III:	75800,–
40	Gagen Sonstiger Stab			
41	Architekt, Ausstatter	5000,–		
42	Innenrequisiteur/Außenrequisiteur/			
	Requisitenhilfe	3000,–		
	Ausstattungsassistent			
43	Garderobier	2500,–		
	Garderobiere			
44	Maskenbildner Herren			
	Maskenbildner Damen	5000,–	Zw.-Sa. III:	15500,–
45	Beleuchter (3 Mann inkl. Material, Lichtbus und 1 Schienenwagen)	28000,–		
	Bühne			
46	Kostümbildner	3000,–		
	Bildhauer			
	Kunstmaler			
47	Cutter	7000,–		
	Cutterassistent	2500,–		
	Filmkleberin			
48	Pyrotechnik			
	Fachberater			
	Standfotograf	2500,–		
	Aggregatfahrer inkl. Aggregat	1500,–		
	Fahrer inkl. Wagen	2000,–		
	Nachtwächter			
	Urlaubsentgeltung			
	Überstunden So. u. F.tg.	3000,–	Zw.-Sa. III:	49500,–
			Sa. III:	179300,–

Gruppe IV

49	Gagen Darsteller	
50	Hauptdarsteller	103000,–
51	Nebenrollen	
52	Komparserie	3000,–
53	Musiker	

54	Geräuschemacher		1600,–		
55	Synchronsprecher		1500,–		
56	Arbeitgeberanteil				
57	Krankenkasse			Zw.-Sa. IV:	109100,–
58					
59	Agenturen				
60	Stuntmen		1350,–		
61					
62					
63				Zw.-Sa. IV:	1350,–
				Sa. IV:	110450,–

Gruppe V

64	Geräte – Ateliers – Studios				
65	Kameraausrüstung	– Kauf			
	Lichtausrüstung	– Kauf			
	Tonausrüstung	– Kauf			
66	Kameraausrüstung	– Leih	5000,–		
	Lichtausrüstung	– Leih			
	Tonausrüstung	– Leih	2000,–		
	Elemak		1500,–		
	Kran		1500,–		
	Aggregat				
	Spezialfahrzeuge				
	Hubschrauber				
67	Ateliers – Mieten				
68	Ateliers – Bau				
69	Pausenentschädigungen Atelier				
70	Geräuschstudio	(2 Tage)	2000,–		
	Musikstudio	(1 Tag)	1500,–		
71	Synchronstudio	(3 Tage)	3600,–		
72	Mischstudio	(3 Tage)	3600,–	Zw.-Sa. V:	20700,–
73	Überspielungen		1000,–		
74	Vorführungen		800,–		
75	Schneideraum		1600,–		
76					
77					
78				Zw.-Sa. V:	3400,–
				Sa. V:	24100,–

Gruppe VI

Nr.	Position	Betrag		Summe
79	Ausstattung			
80	Kostüme, Stoffe – Kauf/			
81	Kostüme, Stoffe – Leih	10000,–		
82	Kostüme, Stoffe, Reinigung, Ersatz			
83	Möbel, Requisiten – Kauf/			
84	Möbel, Requisiten – Leih und Erstattung	10000,–		
	Waffen			
85	Schminkmaterial	1500,–		
	Haarteile, Perücken	1200,–		
86	Pyrotechn. Material			
	Backgrounds			
	Gärtnerarbeiten			
	Trick			
87	(V-Geld)			
88	Miete für Musikinstrumente		Sa. VI:	22700,–

Gruppe VII

Nr.	Position	Betrag		Summe
89	Reise- und Fahrtkosten			
	Diäten – Außenaufnahmen	4000,–		
90	Fahrtkosten Personen	3000,–		
91	Fahrtkosten Lasten	2000,–		
92	Frachten etc.	500,–		
93	Zollkosten		Zw.-Sa. VII:	9500,–
94	Übernachtungen	3500,–		
	Hotelmehrkosten	1500,–		
95	Reisekosten pauschal	3000,–		
96	Autokosten produktionseigene Wagen	3500,–		
97	Autokosten Leihwagen			
98	Km-Gelder, Benzin (Mitarbeiter)	3000,–		
99	Diäten Mitarbeiter			
	Diäten Darsteller			
100	Personentransporte			
101	Lastentransporte			
102	Techn. Hilfsmittel			
	Baufundus-Nutzung			
	Maschinenstunden			
	Tiere			
103	Bauten			
104	Löhne, örtliche Hilfskräfte			

105	Drehgenehmigungen	10 000,–		
	Motivgenehmigungen			
	Entschädigungen			
106	Zusatzverpflegung	6 000,–		
	Pausengelder			
	Kitchen-Car			
107	Stromkosten	700,–		
	Stromanschlüsse	500,–		
108	Reinigungsgebühren Drehort	500,–		
	Abbrucharbeiten – Aufräumarbeiten			
109	Sonderkosten			
110				
111				
112				
113			Zw.-Sa. VII:	32 200,–
			Sa. VII:	41 700,–

Gruppe VIII

114	Material und Bearbeitung			
115	Filmmaterial, 20 000 Meter à 170,–	34 000,–		
	Lichttonnegativ			
	Positivmaterial inkl. O-Kopie			
	K-Kopie			
	Serienkopie			
116	Perfomaterial			
	Schmalbänder			
117	Kopierwerksbearbeitung			
	inkl. O-Kopie			
	K-Kopie			
	Serienkopie			
118	Fotomaterial			
119	Fotobearbeitung			
120	Trailer inkl. O-Kopie			
	Serienkopie Trailer			
121	Opt. Arbeiten			
122	Titel zusammen	50 000,–		
123			Sa. VIII:	84 000,–

Gruppe IX

124	Versicherungen			
125	Negativ	3 500,–		
126	Haftpflicht	1 000,–		
127	Ausfall			

128	Apparate	500,–		
129	Kasko – Kfz			
130	Unfall			
131	Berufsgenossenschaft	1 200,–		
132	(V-Steuer)			
133	Requisiten		Sa. IX:	6 200,–

Gruppe X

134	Allgemeine Kosten			
135	Bürokosten, Material	1 000,–		
136	Bürokosten, Miete			
137	Telefon, Porti	2 500,–		
	Telegramme, Telex			
138	Werbung, PR			
139	Bewirtung	3 000,–		
	Trinkgelder	500,–		
140	FBW-Kosten			
141	FSK-Kosten			
142	Kleine Ausgaben	1 500,–		
143	Vervielfältigungen	1 000,–		
	Schreibarbeiten			
	Übersetzungen			
	Taxi	2 500,–		
	Schminkräume	1 000,–		
	Sonst. Räume			
	Lohnsummensteuer		Sa. X:	13 000,–

Summe I	2 500,–
Summe II	58 880,–
Summe III	179 300,–
Summe IV	110 450,–
Summe V	24 100,–
Summe VI	22 700,–
Summe VII	41 700,–
Summe VIII	84 000,–
Summe IX	6 200,–
Summe X	13 000,–
Nettofertigungskosten:	542 830,–
Handlungsunkosten 7,5 %:	40 712,25
Nettoherstellungskosten:	583 542,25

144	Fertigungskosten
145	Handlungsunkosten
146	Überschreitungen
147	Eingänge

Wie kompliziert es mitunter ist, für ein bestimmtes Motiv eine Drehgenehmigung zu erhalten, selbst im Bereich öffentlicher Einrichtungen, und wie es die Bürokratie nicht zuläßt, daß man irgendwo einfach eine Kamera aufbaut und dreht, das zeigt eine Antwort der Münchner Flughafen GmbH auf eine Anfrage der »Albatros«, für ›Chinesisches Roulette‹ sind einige wenige Szenen am Münchner Flughafen gedreht worden, keine davon innerhalb eines der Öffentlichkeit nicht zugänglichen Bereichs.

»Wir sind hiermit unter folgenden Bedingungen einverstanden:

1. Aus Sicherheitsgründen ist es erforderlich, daß sich alle an den Dreharbeiten Beteiligten vorher einer Sicherheitskontrolle unterziehen. Etwaige Auflagen der Polizei oder der Zollbehörde am Flughafen sind zu beachten.

2. Für die Benutzung der Flughafeneinrichtungen für die Dreharbeiten berechnen wir ein Entgelt von 160,– DM pro Stunde zuzüglich Mehrwertsteuer; es zählt die Zeit von Beginn der Aufbauarbeiten an bis zur Beendigung des Abbaus. Etwaige Sonderleistungen wie Stromversorgung oder ähnliches werden wir gesondert in Rechnung stellen. Das Entgelt bitten wir nach Beendigung der Dreharbeiten in unserer Verkehrsabteilung zu entrichten.

3. Um Störungen des Flughafenbetriebs möglichst zu vermeiden, bitten wir Sie, den Aufwand für die Dreharbeiten auf ein Mindestmaß zu beschränken. Geben Sie Ihren Mitarbeitern bitte bekannt, daß den Anweisungen unseres Aufsichts- und Sicherheitspersonals unbedingt Folge zu leisten ist.

4. Für den Fall, daß aus Sicherheitsgründen oder flugbetrieblichen Gründen die Dreharbeiten behindert werden oder abgebrochen werden müssen, sind Ansprüche gegen die Flughafen München GmbH ausgeschlossen.

5. Für die Erteilung der Genehmigung bei einer Einstellung der Kamera auf den Radarturm gegenüber der Ankunftshalle ist die Bundesanstalt für Flugsicherung, Leitstelle München zuständig. Wir bitten, die Genehmigung dort einzuholen.

Wir bitten Sie, sich rechtzeitig vor Beginn der Aufnahmen bei der Verkehrsleitung im Abfluggebäude einzufinden. Diese wird Ihnen die erforderliche Information und Unterstützung geben.«

Aus der Aufstellung der Requisiten für ›Satansbraten‹; sie zeigt auch, daß ein Film nicht in der Reihenfolge seiner Szenen gedreht wird.

8. Februar

Szene 9 – Wohnung Lilly
1 Unterhöschen 1 Teppich
1 Bügeleisen
1 Bügelbrett
1 Tonbandgerät mit Kopfhörer

Szene 4 – Wohnung Lilly
3 Kasten Dosenbier

10. Februar

Szene 11 – Café
1 Notizbuch (für Lauf – Anschluß!)
1 Sonnenbrille
je 5 Teller, Tassen, Gläser

11. Februar

Szene 7 – Wohnung Kranz
5 Tausendmarkscheine
1 Abfalleimer mit Abfall
1 Pistole
1 Emaillekanne
1 Buch: Nietzsche »Der Wille zur Macht«
1 Zeitung

Szene 8 – Wohnung Kranz
1 Fußbadewanne
1 Wasserkanne
1 Brief von Andrée
ca. 1000 Fliegen (Anschluß)*
1 antikes Kästchen (für Fliegen)
mit doppeltem Boden*
10 Eier (für Rührei) und Schinken
1 Küchenhandtuch
2 Teller
Besteck
Geld (für Lana)

*=ständige Requisiten Wohnung Kranz

UNVERBINDLICHER DREHPLAN

"SATANSBRATEN"

"SATANSBRATEN"
2. Drehabschnitt 2. – 23. Feb. 1976

REGIE: R. W. FASSBINDER
KAMERA: M. BALLHAUS
AUSST: K. RAAB
PRODLTG.: M. FENGLER / H. BAER
PRODUKTION: ALBATROS-FILM

MONAT: FEBRUAR

FILM NR. 476

		CAFÉ AND. / HOTEL	FAHRSTUHL / TAXI / [illegible]	TOILETTE / BAHNHOF	KRANKENHAUS	WHG. WITZLEBEN	FREI	WOHNUNG LILLY		CAFÉ L. / Spazierg.	WHG. KRANZ				FREI	WHG. KRANZ						FREI	RESERVE
	DATUM:	2	3	4	5	6	7	8	9	10	11	12	13	14	15	16	17	18	19	20	21	22	23
	WOCHENTAGE:	Mo	Di	Mi	Do	Fr	Sa	So	Mo	Di	Mi	Do	Fr	Sa	So	Mo	Di	Mi	Do	Fr	Sa	So	Mo
NR.	DREHTAGE:	1	2	3	4	5	/	6	7	8	9	10	11	12	/	13	14	15	16	17	18	/	19
DARSTELLER:	NAME:	WOCHE							WOCHE							WOCHE							
KURT RAAB	1 WALTER KRANZ	1	1	1	1	1	/	1	1	1	1	1	1	1	/	1	1	1	1	1	1	/	
M. CARSTENSEN	2 ANDREE	2	2	2			/		2	2					/	2	2	2	2	2		/	
PEGGY PARNASS	3 LUISE KRANZ						/				3	3	3	3	/	3	3	3	3	3		/	
V. SPENGLER	4 ERNST KRANZ						/				4	4	4	4	/	4	4	4	4	4	4	/	
INGRID CAVEN	5 LILLY						/	5	5	5					/						5	/	
MARQUARD BOHM	6 ROLF, IHR MANN						/	6	6						/							/	
ULLI LOMMEL	7 LAUF						/			7		7			/	7			7		7	/	
Y SA LO	8 LANA						/				8	8	8		/	8						/	
K. BUCHHAMMER	9 IRMG. V. WITZLEBEN					9	/								/						9	/	
ARMIN MEIER	10 STRICHER	10		10			/								/			10				/	
VITUS ZEPLICHAL	11 URS				11		/								/		11	11		11		/	
DIETER SCHIDOR	12 WILLY				12		/								/		12	12		12		/	
PETER CHATEL	13 EUGEN						/								/		13	13				/	
MICHAEL OCTAVI	14 4. JÜNGER						/								/		14	14				/	
	15 5. JÜNGER						/								/		15	15				/	
KATREN GEBELEIN	16 LILLYS MUTTER						/			16					/							/	
MONIKA TEUBER	17 DAME (Fahrstuhl).		17				/								/							/	
HELMUT PETIGK	18 SCHNEIDER						/								/	18						/	
HANNES GROMBALL	19 1. TAXIFAHRER		19				/								/							/	
	20 2. TAXIFAHRER						/								/							/	
ADRIAN HOVEN	21 ARZT				21		/								/							/	
	22 1. KRANKENPFL.				22		/								/							/	
	23 2. KRANKENPFL.				23		/								/							/	
S. NEUDORFER	24 BEDIENUNG / KNEIPE	24					/								/							/	
	25 OBER (Café Lilly)						/			25					/							/	
	26 GÄSTE (Kneipe)	26					/								/							/	
	27 GÄSTE (Café)						/			27					/							/	
	28 MÖBELPACKER						/					28			/							/	
	29 MÄNNER (Toilette)			29			/								/							/	
	SZENEN:	17o	25	30	47	6	/	4	9	11	7	8	10	14	/	20	27	32	35	36	50		
		31a		15				9	34	33	8		12	18	/	23	29			48			
														19	/								
			39																				
			(47) →													→							

Drehplan von ›Satansbraten‹, zweiter Drehabschnitt

Aus der Anschluß-Liste für die Kostüme (›Satansbraten‹). Da beim Drehen zwischen den einzelnen Einstellungen oft mehrere Tage oder Wochen liegen, im fertigen Film aber nur einige Sekunden oder Minuten, ist auch bei den Kostümen eine sorgfältige Kontrolle nötig, um Anschlußfehler zu vermeiden.

Bild	Motiv		
86	Vor einem Appartementhaus	KRANZ:	Mantel blaugrau (auf) Anzug grau (zu) Hemd gräulich (Spitzkragen) Krawatte blau (rote Streifen)
		ANDRÉE:	Rock grau Jacke grau (weiße Punkte) zu Kniestrümpfe weiß Schuhe schwarz Bluse dunkelblau (weiße Kringel)
87	Wohnung Lana	KRANZ:	wie Bild 86
		LANA:	Babydoll weiß Goldschuhe Goldkette mit grünem Zahn
		KIND:	Nachthemd weiß (lange Ärmel)
88	Vor dem Appartementhaus	KRANZ:	wie Bild 86
		ANDRÉE:	wie Bild 86
89			
90			

91 Straße

KRANZ: Anzug braun
Hemd beige (grün-lila gestreift)
Kragen weiß (spitz)
Krawatte grün (beige Punkte)
Schuhe schwarz

ANDRÉE: Schal grün-blau
Mantel blau (oberster auf)
Kniestrümpfe grau
Schuhe Keilabsatz schwarz
Rock grau

LANA: Regenmantel beige (zu)
Pelzschal
Stiefel schwarz
Sonnenbrille

92 Büro des Verlegers

KRANZ: Anzug braun (zu)
Hemd weiß (grüne Streifen)
Kragen extra weiß
Krawatte grün (beige Punkte)

SEKR.: Stiefel schwarz
Rock schwarz
Bluse schwarz mit weißen Punkten
Silberarmreif rechts

BAVARIA-ATELIER GmbH FS

ICH WILL DOCH NUR, DASS IHR MICH LIEBT

REGIE: RAINER WERNER FASSBINDER
KAMERA: MICHAEL BALLHAUS
PROD.-LTG.: DIXIE SENSBURG

DREHORTE: MÜNCHEN UN…

NEUBAU+RICHTS./HAUS DER ELTERN NEU – HAUS DER ELTERN: WOHN- UND GÄSTEZIMMER – HAUS DER ELTERN: WOHNZIMMER – VOR APOTHEKE/VOR KNEIPE/TREPPENHAUS – GASTHAUS: WOHNZIMMER

FILM NR. 33 039

NR.	DARSTELLER	NAME		10 Mo	11 Di	12 Mi	13 Do	14 Fr	15 Sa	16 So	17 Mo	18 Di	19 Mi	20 Do	21 Fr	22 Sa	23 So
		MONAT:		NOVEMBER													
		DREHTAGE									1	2	3	4	5		
				WOCHE							1. WOCHE						
1	PETER	VITUS ZEPLICHAL	1								1	1	1	1	1		
2	ERIKA	ELKE ABERLE	2								2	2	2	2	2		
3	VATER	ALEX. ALLERSON	3								3	3	3				
4	MUTTER	ERNIE MANGOLD	4								4	4	4		4		
5	GROSSMUTTER ERIKAS	JOHANNA HOFER	5														
6	ULLA	KATH. BUCHHAMMER	6								6						
7	BAULEITER	WOLFGANG HESS	7														
8	POLIER	ARMIN MEIER	8														
9	VATER ERIKAS	ULRICH RADKE	9											9			
10	MUTTER ERIKAS	ANNEMARIE WENDL	10											10			
11	RUNGE	DR ERIKA RUNGE	11														
12	WIRT	JANOS GÖNCZÖL	12														
13	WIRTIN	EDITH VOLKMANN	13														
14	GERICHTSVOLLZIEHER	ROBERT NAEGELE	14														
15	JUNGE		15												X		
16	HAUSMEISTER	AXEL GANZ	16														
17	FRAU EMMERICH	INGE SCHULZ	17														
18	MÖBELVERKÄUFER	HEINZ H. BERNSTEIN	18														
19	BOUTIQUEVERKÄUF.	HELGA BENDER	19														
20	POSTBEAMTER	ADI GRUBER	20														
21	SCHMUCKVERKÄUFERIN	SONJA NEUBAUER	21														
22	NÄHMASCH-VERKÄUFERIN	HEIDE ACKERMANN	22														
23	BAUUNTERNEHMER	REINHARD BREX	23														
24	TYP		24														
25	TAXIFAHRER		25														
	kl. Peter X														X		
		KOMPARSEN	K														
				SEITE ↓							[illegible]	[illegible]	[illegible]	[illegible]	[illegible]		

STAND: 6. NOV. 1975

Drehplan von ›Ich will doch nur, daß ihr mich liebt‹

DEZEMBER

	29 Sa	30 So	1 Mo	2 Di	3 Mi	4 Do	5 Fr	6 Sa	7 So
Motiv	—	—	HAUS M. KNEIPE / KNEIPE	GROSSMUTTER: HAUS / GROSSMUTTER: WOHNUNG	[gestrichen] / BOUTIQUE / STEHCAFE / Telefonzelle	[gestrichen] / FLUR / THEATERFOYER	JUWELIER / BÜRO GERICHTSVOLLZIEHER [gestrichen]	—	—
Drehtag	—	—	11	12	13	14	15	—	—
			3. WOCHE						
			1	1	1	1	1		
					2	2	2		
			5	5					
			12	12					
			13						
							14		
			15						
					19				
							21		
					22				
			24						
			K			K			
			167 179 180 181 182 183 184 185 186 187 188 12 13	52 53 54 55 56 168 169 170 171	129 130 85 86 87 82 83 84	164 165 166 164 165 166 75 76 77 78	166 167 168 169 21 22		
			J½	J	J	½	J		

	8 Mo	9 Di	10 Mi	11 Do	12 Fr	13 Sa	14 So
Motiv	GEFÄNGNIS: ZELLE / BESUCHERZIMM. [illegible]	[gestrichen] [illegible]	LEERE WOHNUNG / WOHNUNG	BAUSTELLE	BAUHÜTTE / KLEINES BAUUNTERNEHMEN	—	—
Drehtag	16	17	18	19	20	—	—
	4. WOCHE						
	1	1	1	1	1		
			2				
				7	7		
				8			
	11	11					
			16				
					23		
	[gestrichen]						
				K			
	1 195 37 38 39 13 14	136 137 176 177 178 190 191	49 50 51 59 67 65	57 58 79 80 81 155	46 47 48 109 110 111 153		
	J	J	J	P	½		

	15 Mo	16 Di	17 Mi	18 Do	19 Fr	20 Sa	21 So
Motiv	WOHNUNG U. SCHLAFZIMMER / WOHNUNG PETER	WOHNUNG PETER	WOHNUNG PETER / [illegible]	STRASSENBAHN U. STELLE	[gestrichen] / BOTAN. GARTEN / [gestrichen] / U-Bahn	—	—
Drehtag	21	22	23	24	25	—	—
	5. WOCHE						
	1	1	1	1	1		
	2	2	2		2		
		5					
	14						
	[illegible] 142 143		[illegible]				
				K			
	88 89 90 91 112 113 114 [illegible] 169 172 173 174	115 116 117 118 127 128 133 134 138 139 140 141	154 156 157 161 [illegible] 160	131 132 155 158 164 165 166 168 175 166	161 163 124 125 126 170 164 165 166		
	J	J	½	A	A		

	22 Mo	23 Di	24 Mi	25 Do	26 Fr	27 Sa
Motiv	KRANKENHS. / WOHNUNG	ULLA / [gestrichen] / INSERTS	FROHE WEIHNACHTEN			
Drehtag	26	27	28			
	6. WOCHE					
	1	1				
	2	2				
	6					
		25				
	161 162 163 [illegible] 25	151 152 142 143 [gestrichen]				
	J	½				

Motive und ihre Folgen

In den Drehbüchern zu ›Ich will doch nur, daß ihr mich liebt‹ und ›Satansbraten‹ gibt es keine Einstellungs-Angaben. Das heißt, es fehlen alle direkten Hinweise auf die Größen der Bildausschnitte, auf Bewegungen der Kamera, auf Anfang und Ende einer Einstellung. Selbst die für den Schnitt später notwendigen Nummern am Anfang einer Einstellung (die beim Drehen dann, auf der »Klappe« notiert, ebenfalls von der Kamera festgehalten werden) sind in diesen beiden Drehbüchern noch nicht aufgeführt. Lediglich in ›Chinesisches Roulette‹ hat Fassbinder schon beim Schreiben des Buchs konkretere Angaben für die Arbeit von Kamera und Schnitt gemacht – und dies war von den drei Filmen der einzige, bei dem Fassbinder schon während des Schreibens den Drehort kannte.

»Ich glaube nicht, daß es sonst noch einen Regisseur gibt auf der Welt, der das so macht: ich schau mir die Motive vorher nie an. Für mich ist es reizvoll, irgend etwas zu haben, das nicht vorgeplant ist. Vor dem Drehen kenne ich also die Räume und Schauplätze nicht, oder will sie nicht kennen, aber so eine grundsätzliche Haltung gegenüber einer Szene habe ich beim Schreiben eines Drehbuchs schon im Kopf.«

Dies ist sicher der auffälligste Unterschied zwischen Fassbinder und anderen Spielfilmregisseuren: Er besorgt die Motivsuche, die bei fast allen seiner Kollegen zu den wichtigsten Phasen der Vorbereitung eines Projekts gehört, nicht selbst, er beteiligt sich auch kaum daran, schildert lediglich seine Vorstellungen von der Beschaffenheit eines möglichen Drehorts. Das geht so weit, daß er es sogar ablehnt, sich für eine Szene verschiedene Motive anbieten zu lassen, um sich dann für ein seinen Vorstellungen optimal nahekommendes Motiv zu entscheiden. »In dem Moment, in dem ich in einen Raum reinkomme und die Szene sehe, die ich mir vorgestellt habe, entstehen für mich dann auch die Einstellungen, und in einem neuen Raum gibt es eben neue Sachen für mich, spannendere als in Räumen, die ich schon vorher kannte.«

Beim Schreiben hat Fassbinder freilich schon Räume vor Augen, die gewisse Fixpunkte aufweisen, an einer bestimmten Stelle etwa eine Türe und an einer anderen ein Fenster, und auf diese Vorstellung hin wird die Szene dann entworfen und geschrieben, jedoch nicht durch Angaben für die Kamera präzisiert, die sich dann beim Drehen nicht befolgen lassen würden.

»Das stelle ich mir schon ganz genau vor; dann aber komme ich in den entsprechenden Raum, und der sieht natürlich ganz anders aus, als ich ihn mir vorgestellt hatte. Und meine Vorstellungen dann eben in anders aussehenden Räumen doch herzustellen, das finde ich unheimlich spannend.« Die Einstellungen ergeben sich also in dem Moment, in dem Fassbinder seine Vorstellungen von einer Szene auf einen anderen Raum oder Ort umdenken muß. Selbst bei Schloß Stöckach (›Chinesisches Roulette‹) hatten sich während des Schreibens seine Vorstellungen von den Räumen, die er ausnahmsweise schon vorher gesehen hatte, so weit verändert, daß sie am Drehort wieder korrigiert werden mußten.

Motive und Räume werden freilich nur von Mitarbeitern Fassbinders ausgesucht, die er genau kennt und die ihn ebenso kennen; mit anderen würde das nicht funktionieren.

»Die Motive müssen von jemand gefunden werden, der eine Ahnung hat von mir; es gibt aber auch da Fälle, in denen ich in einen Raum komme, zu dem mir nichts einfällt oder an dem ich einfach nicht drehen kann. Dem Kurt Raab passiert das eigentlich sehr selten; der Christian Hohoff kann das auch, aber das hat ziemlich lange gedauert. Selbst noch bei ›Faustrecht der Freiheit‹ hat er mir Motive angeboten, wo ich wirklich nicht drehen konnte.« Ganz so souverän kann Fassbinder diese Möglichkeit, zu improvisieren und sich notfalls auch sehr schnell ein neues Motiv suchen lassen zu müssen, nicht immer genießen; das scheint auch von der Tagesform abzuhängen: »Wenn ich an einen Drehort komme, den ich noch nicht gesehen habe und der mir vielleicht nicht zusagt – und ich habe womöglich ohnehin gerade keine große Lust zu drehen – dann kann es schon passieren, daß ich lieber überhaupt aufhören möchte.«

Michael Ballhaus, seit Jahren Fassbinders bevorzugter Kameramann, erzählt von »wirklich spannenden Auseinandersetzungen« in ›Welt am Draht‹. Da gab es Motive, die Fassbinder »überhaupt nicht angemacht haben; aber über diese Verzweiflung hinaus ist dann plötzlich eine solche Intensität erwachsen oder entstanden, daß gerade diese Szenen dann ganz toll geworden sind.« Etwa in einer Bar in Paris: Fassbinder kam, sah sich um und erklärte, er könne da nicht drehen, beim besten Willen nicht. Um aber nicht einen ganzen Drehtag platzen zu lassen (was schließlich mit erheblichen finanziellen Mehrbelastungen verbunden ist), blieb ihm nichts anderes übrig, als sich um so eingehender und konzentrierter mit den Gegebenheiten des Raums zu befassen und zu drehen. Ballhaus: »Die Szenen dort wurden unglaublich gut, aber ich weiß noch genau, wie böse und wie verzweifelt er zunächst war.«

Blicke durch Türen. ›Chinesisches Roulette‹

Dieses Bedürfnis nach dem Überraschungsmoment eines nicht selbst gewählten Schauplatzes ist der entscheidende Grund, warum Fassbinder nicht in Ateliers drehen mag; im Studio, wo alles nach genauen Plänen entworfen und vorbereitet werden muß, gibt es diese Überraschung nicht. Dennoch wird, diktiert von den Gegebenheiten des Stoffes, einer der nächsten von Fassbinder geplanten Filmen, ›Soll und Haben‹, im Studio gedreht werden müssen. Bei ›Ich will doch nur, daß ihr mich liebt‹ und ›Satansbraten‹ drehte Fassbinder an Orten, die keineswegs auf den ersten oder zweiten Blick seinen Vorstellungen entsprachen. »Aber es waren Räume, die mich einfach gezwungen haben, intensiver zu werden, als es Räume oder Motive tun, die schon alles widerstandslos vorgeben. Das, was man von einem Raum erträumt, dann in einem anderen herzustellen, durch Kamera, Bewegung und Licht, das ist für mich oft sehr viel schöner und spannender.«

Diese Vorliebe für Originalschauplätze, die also schwerlich auf eine künstlerische Abwehr gegen nachgebauten Dekor zurückzuführen ist, und schon gleich gar nicht auf ökonomische Gründe, hängt stark mit der Persönlichkeit Fassbinders zusammen. Während

viele andere Regisseure in Jungfilmerzeiten, wenn sie sich kein Atelier leisten konnten, eben ins Freie auswichen (die zahlreichen Wald- und Wiesenszenen des jungen deutschen Films hatten weniger konzeptionelle als ökonomische Ursachen), konzentrierte sich Fassbinder von Anfang an auf Innenräume, bei ihm hat der Umgang mit kleineren Budgets kaum Auswirkungen auf die Freiheit bei der Wahl der Schauplätze gehabt.

Nur sehr selten hat Fassbinder in der freien Natur gedreht – selbst für ›Chinesisches Roulette‹ kaum, obwohl der Drehort, Stöckach, in einer überaus schönen Main-Landschaft liegt, die ganz weite, sanfte Totalen zulassen würde. »Früher hatte ich sogar einen richtigen Horror davor, in der freien Natur zu drehen. Die Zwänge, die durch die Innenräume entstehen, gegen die man ja anzugehen hat, die sind mir viel lieber, als wenn einfach alles offen ist.«

Selbst wenn Fassbinder im Freien dreht, dreht er praktisch nicht »im Grünen«; die wenigen Landschaftsaufnahmen in ›Ich will doch nur, daß ihr mich liebt‹ zeigen beeinflußte Natur, einen Baggersee zum Beispiel (ein typischer Fassbinder-Topos), und selbst die Episode im Nymphenburger Schloßpark bei ›Satansbraten‹ zeigt

Ernie Mangold, Elke Aberle und Vitus Zeplichal in einer am Originalschauplatz gedrehten Szene von ›Ich will doch nur, daß ihr mich liebt‹

»Natur« eher als künstlich wirkende Kulisse. In ›Chinesisches Roulette‹ war eine Szene vorgesehen, die man in der Umgebung Stöckachs drehen wollte: Es beginnt mit einem Spaziergang im Wald, eine kurze »Liebesszene« folgt. Selbst dafür hatte Fassbinder eine Kamerafahrt entworfen, also mußten Schienen im Wald gelegt werden – und die lagen dann wegen Regenwetters einige Tage ungenützt im Wald, die Szene wurde schließlich später im Isartal nachgedreht. Wieder war das Schienenlegen eine beschwerliche Arbeit, Fassbinder hat sich auch da ein Motiv aussuchen lassen, das sich einer freien Bewegung der Kamera versperrt: eine Schlucht fast, mit Seitenwänden, mit einer klaren optischen Eingrenzung.

Dieses Bedürfnis nach optischen Eingrenzungen läßt sich durch alle Filme Fassbinders verfolgen; es äußert sich auch in seiner Vorliebe für Hinterhöfe (wie in ›Katzelmacher‹ oder ›Der Händler der vier Jahreszeiten‹) und die Tiefgeschosse moderner Großstädte (›Faustrecht der Freiheit‹ oder ›Ich will doch nur, daß ihr mich liebt‹). Er braucht es, sich beim Drehen gegen die Einengung durch den Raum bewegen und zur Wehr setzen zu müssen, von dort kommen die entscheidenden Impulse für die Bewegung der Kamera, für die Größen der Bildausschnitte und die Länge einer Einstellung. Der Raum wird entscheidend beim Rhythmus der Bilder.

In diesem Punkt stimmen Regisseur und Kameramann voll überein: Auch Ballhaus mag es nicht, wenn er die Kamera »einfach irgendwo hinstellen« kann, zumal beim Drehen im Freien die Eingriffsmöglichkeiten viel geringer sind: es läßt sich weniger Wille zur Gestaltung durchsetzen, zur Veränderung von Licht und Atmosphäre. »Wenn ich draußen drehe, habe ich nicht so viel Möglichkeiten, das Licht zu ›manipulieren‹ – und ein Maximum an ›Manipulation‹ macht mir natürlich mehr Spaß. So versuche ich also selbst im Freien noch, verändernd in die Gegebenheiten einzugreifen, etwa ein Sonnensegel zu spannen. Ich will einfach auch nicht darauf angewiesen sein, daß die Sonne an einer bestimmten Stelle ist. Ich baue mir also die Sonne lieber da hin, wo ich sie gern haben möchte. Bei Steins Verfilmung der ›Sommergäste‹ zum Beispiel, da habe ich das natürliche Licht teilweise abgedeckt und Licht gemacht wie im Studio. Das finde ich sehr viel spannender. Es sei denn, das wäre ein Film, der mit und von der Natur lebt, da muß man dann durch die Wahl des Zeitpunkts der Aufnahmen das Licht bestimmen – wie es etwa bei Hark Bohms ›Tschetan, der Indianerjunge‹ gemacht wurde.«

Räume, gegen die er »kämpfen« muß, findet Fassbinder immer wieder unter denen, die ihm seine Mitarbeiter anbieten. Bei der teilweise sehr kurzfristigen Planung der Projekte sind auch Zufälle nicht auszuschalten.

Bei den Dreharbeiten zu ›Satansbraten‹ kommt Fassbinder am frühen Vormittag an einen neuen Drehort, in die Wohnung, die im Film dann der »Frau von Witzleben« gehört. Er sieht die Räume und sagt, er könne hier einfach nicht drehen. Statt in einer Penthouse-Wohnung, die Fassbinder »in Auftrag gegeben« hatte und die hell und kühl aussehen sollte, stand er in einer maßlos mit exotischen Andenken überladenen Wohnung eines Anglo-Amerikaners, der einen wichtigen Teil seines Lebens offensichtlich in irgendwelchen asiatischen Kolonien verbracht hatte. Dies in einem Altbau im Altmünchner Stadtteil Haidhausen. Fassbinders Befürchtung, die ohnehin etwas »anrüchige« Szene müsse in diesen Räumen, die aussahen, als wären sie von zwei rivalisierenden Ausstatter-Banden eingerichtet worden, ausgesprochen pornographisch wirken, war durchaus verständlich. Verschiedene Mitarbeiter versuchten nun, telefonisch eine andere Wohnung aufzutreiben, jedoch ohne Erfolg. Eine Villa im Raum Starnberg, die möglicherweise geeignet gewesen wäre, konnte nicht genommen werden, weil man den Schnee, der in der vergangenen Nacht gefallen war, vor den Fenstern gesehen hätte; das hätte nicht mit der schon gedrehten Anschluß-Szene übereingestimmt. Da die Szene am Tag spielte, wollte Fassbinder auf keinen Fall mit geschlossenen Vorhängen drehen. Team und Darsteller wieder nach Hause zu schicken hätte nicht nur einen zusätzlichen Drehtag, sondern auch zusätzliches Geld gekostet. Fassbinder bittet schließlich alle Mitarbeiter, das Hauptmotiv, ein Wohnzimmer, zu verlassen, bleibt einige Minuten allein in dem Raum, läßt ihn ein bißchen ausräumen und entschließt sich zur allgemeinen Erleichterung endlich doch, die Szene dort zu drehen. Das spärliche Licht, das durchs Fenster kommt, erinnert aber immer noch daran, daß man in einer alten Münchner Vorstadt ist, und Kameramann Ballhaus befürchtet, das würde aussehen wie eine Nachtszene. Also wird eine komplizierte und »üppige« Ausleuchtung eingerichtet – schließlich richtet man sogar einen Scheinwerfer vom gegenüberliegenden Haus aus auf das Fenster.

Hätte Fassbinder diese Szenen in einer seinen Vorstellungen näherkommenden Wohnung drehen können, so wäre der Dekor

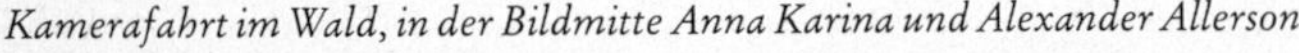

Kamerafahrt im Wald, in der Bildmitte Anna Karina und Alexander Allerson

vermutlich intensiver noch in die Szene einbezogen worden, als es nun der Fall ist. Die ursprüngliche Atmosphäre dieser Wohnung ist jedenfalls im fertigen Film nicht wiederzuerkennen.

Ein ähnlicher Zufall geschieht bei ›Chinesisches Roulette‹. Unmittelbar vor dem letzten Drehtag komme ich ins Büro von Fassbinders Produktionsfirma »Albatros«, um nach einigen Fotos zu sehen. Christian Hohoff, der die Produktion von ›Chinesisches Roulette‹ leitet, sitzt fast aufgelöst am Telefon und sucht händeringend eine Wohnung für die Szenen des letzten Drehtags. Obwohl er diese Wohnung eigentlich als mir persönlich höchst unsympathische beschreibt, biete ich ihm hilfsbereit meine eigene an. Hohoff besichtigt sofort die Wohnung und stimmt, freilich etwas unsicher, zu. Damit es keine Pannen gäbe, sollte sie Fassbinder ausnahmsweise doch noch am Abend ansehen, doch dazu hat er dann keine Zeit mehr. Am nächsten Morgen erscheint das Team, Fassbinder ist mit dem Motiv einverstanden, es wird noch ein bißchen umgestellt und weggeräumt und dann gedreht. Schon anhand der Muster (die ersten Kopien für den Schneidetisch) läßt sich erkennen, daß die Wohnung im Film eine weitgehend veränderte Atmosphäre hat und für mich

Improvisation beim Legen der Schienen

eigentlich keine Vertrautheit mehr besitzt. Auch mit den Räumen von ›Chinesisches Roulette‹ hatte es zunächst gewisse Probleme gegeben. Die Räume des ehemaligen Schlosses, das heute eher wirkt wie ein alter Gutssitz und nur mehr ein paar Reste des alten Mobiliars enthält, und die Gänge und Türen, waren Fassbinder anfangs zu geradlinig; als er es zum ersten Mal gesehen hatte, schon vor dem Schreiben des Drehbuchs, hatte er nicht geglaubt, daß ihm »zu diesen Geraden, zu diesen unheimlich direkten Zimmern und Gängen was einfallen« würde. Auch später, bei der Arbeit, hat er offensichtlich immer nach Verschiebungen gesucht, nach Winkeln und Ecken, nach verschiedenen Höhen. »Da kann ich leichter Bilder machen.« Aber schon ein Blick auf die Muster am Schneidetisch zeigt, wie Fassbinder versucht und erreicht hat, die Geradlinigkeit der Räume zu benützen, sie andererseits mit kaum wahrnehmbaren Kamerabewegungen auf irritierende Weise aufzulösen. Michael Ballhaus bestätigt dies: »Durch die Art, wie Fassbinder mit den geraden Linien dieses Hauses umgegangen ist, entstand eine zusätzliche Dimension, die auf die Geschichte einen starken Druck ausübt.«

Eine kleine Begebenheit, die Anekdoten-Charakter aufweist, mag zeigen, wie Fassbinder die Situation eines Original-Schauplatzes zu erfassen vermag. In ›Chinesisches Roulette‹ gibt es eine Szene, da fährt Alexander Allerson mit dem Auto zu einer Telefon-Zelle. Gedreht wurde sie in einem Nachbardorf von Stöckach. Als alles aufgebaut ist und Allerson losfährt, da läuft ein leibhaftiges Schwein ins Bild und trabt vor dem Auto her. Andere Regisseure hätten da vielleicht einen Wutanfall bekommen, nicht so Fassbinder; während das Team in Gelächter ausbrach, rief dieser ohne zu zögern seinem Produktionsleiter zu: »Christian, engagier' die Sau!« – später ist sie dann am Schneidetisch auch nicht der Schere zum Opfer gefallen. (Und ich möchte wetten, daß so mancher interpretationsfreudige Betrachter da eine symbolische Andeutung sieht – also etwas genau Kalkuliertes!)

Wie weit und differenziert Motive auf die Gestaltung eines Films einwirken können, das zeigt ein anderes Beispiel aus ›Chinesisches Roulette‹. Das Kernstück, ein »Wahrheitsspiel«, das dem Film auch seinen Titel gegeben hat, spielt nachts im Salon. Der Eindruck der Nacht ließe sich für den Zuschauer bequem durch einfaches Abdunkeln der Fenster herstellen. Aber Fassbinder fürchtet, daß die Szene dann zu leblos wirken würde – obwohl es im ganzen Film dann nur ein paar Einstellungen geben wird, in denen das künstliche Schwarz in den Fenstern überhaupt zu sehen wäre. Also arbeiten er

Bei den Dreharbeiten zu ›Ich will doch nur, daß ihr mich liebt‹

und sein Team wie die Vampire, beginnen erst zu drehen, wenn draußen wirklich alles dunkel ist und hören erst bei Anbruch der Dämmerung wieder auf. Und dies etwa zehn Nächte lang. Dabei wird die Lichtführung sogar von außen unterstützt, kleine Lampen hängen in den Bäumen vor dem Haus, auch diese werden später kaum je direkt zu sehen sein.

Was wie eine verrückte Übertreibung aussieht, hat natürlich schon vernünftige Gründe: was im fertigen Film nicht zu sehen sein wird, wird dennoch in der Stimmung der Bilder zu spüren sein. Fassbinder ist sich sicher, daß die Nachtarbeit auch den Ausdruck seiner Darsteller mitbestimmen wird: »Da herrscht eine andere Art von Konzentration. Die Gesichter sehen nachts auch ganz anders aus als am Morgen, wenn ein Darsteller gerade aufgestanden ist. Ich finde das ganz toll, wenn wir die letzten Einstellungen gegen vier Uhr morgens drehen, dann macht sich so eine gewisse Ermüdung in den Gesichtern bemerkbar, eine kaum benennbare zwar, aber doch eine vorhandene; die Leute sehen dann wirklich anders aus. Das sind

Elke Aberle und Johanna Hofer in ›Ich will doch nur, daß ihr mich liebt‹. Fassbinders häufiger Blick durch Türen evoziert das Gefühl der Beengung und schafft optische Tiefe

Elke Aberle und Vitus Zeplichal in ›Ich will doch nur, daß ihr mich liebt‹

so Momente, die sich dann eben doch addieren und letztlich eine Atmosphäre ausmachen.«

Die Grenzen zwischen Zufall und Kalkül in der Wirklichkeit der Motive sind bei einem solchen Verfahren freilich kaum mehr auszumachen. In ›Ich will doch nur, daß ihr mich liebt‹ gibt es eine Totale auf das Schaufenster eines Stehcafés im Tiefgeschoß des Münchner Stachus. Vitus Zeplichal und Elke Aberle stehen da drinnen; zunächst ist die Kamera bei ihnen, dann geht sie raus, zeigt die beiden hinter der Scheibe, bevor sie dann selbst das Café verlassen. Mit dem bloßen Auge war das kaum zu sehen, aber im Blick durch den Sucher der Kamera wurde sofort deutlich: das Paar, das da drinnen steht, wird von waagrechten und senkrechten Linien im Fenster und an seiner Umrahmung optisch beengt, fast eingesperrt. Erst durch den eigentlichen Bildausschnitt wurde das sichtbar, vorher wirkten diese Linien durch die umliegenden großen Flächen weniger bedrängend, sie schienen sich eher aufzulösen. Wie weit hängt es vom Zufall ab, wenn Fassbinder ein Motiv benützt, das ihm und seinen Intentionen mit solchen Attributen entgegenkommt?

»Wegen dieser Einstellung habe ich diese Szene an dieser Stelle überhaupt nur gedreht. Das war das erste, was ich da gesehen habe. Ich finde das jetzt sehr schön: zuerst, wenn die beiden drinnen sind, fängt das ganz normal und menschlich an, die Kamera ist ja auch bei ihnen; und plötzlich, als letztes, sieht man dieses Paar in einer ganz merkwürdigen Welt, gleichzeitig ausgestellt und eingesperrt. Klar, das war irgendwie ein Zufall, daß ich dieses Motiv bekommen habe, denn wir können ja hier nicht so arbeiten wie in den USA, wo man sich zuerst so etwas ausdenkt und dann im Studio bauen läßt. Es ist oft so, daß ich meine Vorstellungen von einem Motiv nirgends verwirklicht oder realisierbar finde. Da entdecke ich dann in den Gegebenheiten der Wirklichkeit mehr Richtiges, als wenn ich mir zuerst eine Vorstellung davon mache und der dann immer nachlaufe. Solche Motive wie hier sind ja dann letztlich doch kein Zufall; es ist kein Zufall, daß es so ein Café gibt, und es ist auch ganz normal, daß wir das gefunden haben. Weil wir so ein Motiv vom Gefühl her brauchten. Das, was wir machen, geht ja doch von Dingen aus, die wir gesehen und gespeichert haben. Sicher, es gibt auch falsche Motive, mit denen sich nicht ausdrücken läßt, was man ausdrücken möchte. Aber insgesamt bin ich mit der Möglichkeit, in einen Raum oder an einen Ort zu kommen und dort das zu suchen und zu entdecken, was ich mir vorstelle, doch am besten bedient. Ich mag's auch nicht, wenn das Angebot eines Motivs von vornherein schon so perfekt ist. Was Spontanes, nicht Vorgeplantes muß schon dabei sein. Und wenn ich schon beim Schreiben eines Drehbuchs Angaben zu den einzelnen Einstellungen mache, dann ist beim Drehen dann eben doch häufig das Motiv anders.«

Fassbinders Aufmerksamkeit gegenüber seinen Motiven geht bis in die kleinsten Details der Requisiten. Beim Drehen jener erwähnten Szene im Stehcafé für ›Ich will doch nur, daß ihr mich liebt‹ will Vitus Zeplichal seinen Kaffee, weil er ihm so besser schmeckt, ganz schwarz trinken. Fassbinder greift ein, läßt Milch in den Kaffee geben: »Ich mag nicht, daß er schwarzen Kaffee trinkt, denn das ist ein Typ, der ihn hell und süß haben muß.«

Soweit es in seinen ersten zwei Filmen überhaupt eine »Ausstattung« der Motive gab, hat sie Fassbinder selbst besorgt (wie übrigens auch den Schnitt, für den er mit dem Pseudonym »Franz Walsch« in den Produktionsangaben stand), ab ›Götter der Pest‹ wurde dann der Schauspieler Kurt Raab als Ausstatter genannt.

Raab war vor seiner Tätigkeit bei Fassbinder Requisiteur beim Theater und beim Fernsehen. Als für ›Whity‹, der in Spanien gedreht wurde (so erzählt es Kurt Raab entgegen den Produktionsangaben in Fassbinders vorausgehenden Filmen), zum ersten Mal eine größere Ausstattung erforderlich war, erinnerte sich der Regisseur daran, daß Raab doch einst als Requisiteur gearbeitet hatte, und bat ihn, doch da die Ausstattung zu machen. »Da bin ich eben ins kalte Wasser gesprungen und hab's gemacht – und übernehme das halt oft wieder – aber ich würde das bei keinem anderen Regisseur tun.«

Zwischen Fassbinder und Raab gibt es über die Ausstattung in der Regel keine langen Diskussionen; Fassbinder beschreibt seine Vorstellungen sehr knapp, »vielleicht mit einem Satz für einen ganzen Film«, und überläßt es Kurt Raab, Motive und Ausstattung nach seinen eigenen Vorstellungen zu wählen, ohne ihm da hineinzureden. »Fassbinder kennt meine Vorstellungen sehr genau; ich bin einfach mehr für etwas pompöse Sachen, für große Räume und dunkle Möbel. Ich bin natürlich kein Bühnenarchitekt; wenn ich mal etwas bauen lassen muß, so muß ich mir die Zeichnungen von einem technischen Zeichner anfertigen lassen; ich kann dem nur erklären, was er machen soll.«

Raab hatte auch jenen Drehort für ›Satansbraten‹ ausgesucht, an dem Fassbinder zunächst nicht drehen wollte. »Ich wußte schon, was er haben wollte«, erzählt Raab, »aber es hätte viel mehr Geld gekostet, und das hat mir Michael Fengler als Produzent nicht gegeben.«

Die Ausstattung für ›Chinesisches Roulette‹ hat Raab nicht

übernommen: Ich fand das Motiv Stöckach nie gut, es hat mich nie interessiert, es auszustatten. Da war mir zu viel schon vorgegeben, das ließ meinen Vorstellungen keinen Raum mehr.«

In gewisser Weise deckt sich genau mit den Vorstellungen von Fassbinder, der »das bißchen Realität«, das er für seine Arbeit »braucht«, in den Motiven finden will, aber nicht mehr und nicht weniger. Sie sollen Widerstand leisten, aber nichts verhindern.

Die von Kurt Raab angedeutete Selbstverständlichkeit, mit der die Zusammenarbeit innerhalb von Fassbinders Team aufgrund genauen gegenseitigen Kennens funktioniert, zeigt sich noch deutlicher im Verhältnis zwischen Regisseur und Kameramann. Fassbinder macht Vorschläge, erzählt von den Vorstellungen, die er von einer Einstellung hat, aber was Ballhaus dann herstellt, muß nicht immer und unbedingt genau das sein, was Fassbinder gemeint hat.

»Das muß nur was sein, das richtig ist. Es gibt freilich Momente, in denen ich etwas falsch finde, und dann sage ich das auch. Es ist wie mit den Schauspielern, auch einen Kameramann lasse ich nicht alles machen, wenn ich es nicht richtig finde.«

Übereinstimmend betonen Fassbinder und Ballhaus (auch unabhängig voneinander, in getrennten Gesprächen), daß sie natürlich keineswegs immer die gleiche Haltung zu einer Sache einnehmen wollen, denn das würden sie beide als ziemlich langweilig empfinden. »Der Ballhaus hat bestimmte Vorstellungen, wie was sein könnte, und ich habe andere, also versuchen wir dann, diese irgendwie zusammenzubringen. Wenn das gelingt, so ist das viel aufregender, als wenn da nur immer einer sich was ausdenkt. So ist es mit den anderen Mitarbeitern auch; immer gibt es welche, die sich viel mehr ausdenken als andere. Beide Arten sind mir jedoch gleich lieb, denn die einen lassen sich vielleicht dann ganz irrationale Dinge einfallen – andere freilich sagen schon auch Sachen, die mir manchmal eine neue Sicht öffnen. Ich habe jedenfalls keine Angst vor Mitarbeitern, die extrem mitdenken und sich eigene Vorstellungen machen.«

Wie weit Mitarbeiter dann eigene Vorstellungen durchsetzen können, ist eine andere Frage; zumindest bei den drei hier in der Entstehung beobachteten Filmen scheint das Maß an Freiheit vor allen Dingen vom Vertrauen bestimmt zu sein, das Fassbinder der jeweiligen Person entgegenbringt. Dabei zeigt sich, daß er als Regisseur vor allem Menschen um sich braucht, die an ihn glauben, die gleichzeitig seine Intentionen erfüllen und dennoch auch ihre eigene Person in die Arbeit einbringen wollen.

Für Ballhaus ist Fassbinder der Regisseur, der ihm am intensivsten sagt, was er will: »Ich muß mich dabei aber auch am meisten anstrengen, um seinen Vorstellungen genau nachzuspüren und genau diese dann in den Bildern herzustellen.«

Kameramann Michael Ballhaus

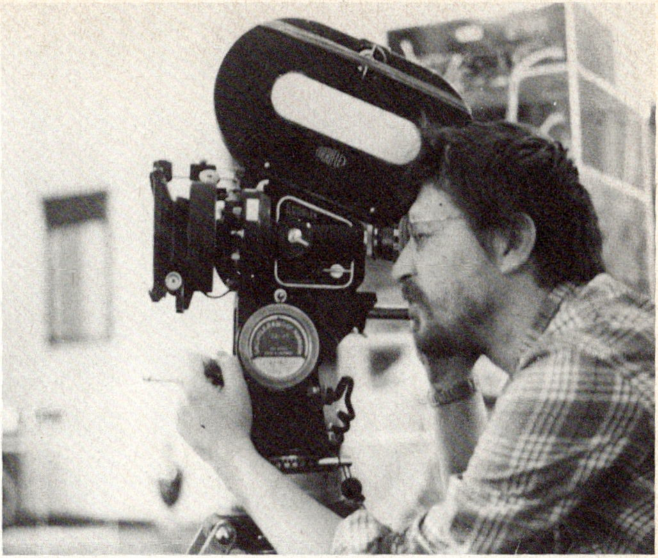

Fassbinder beim Einrichten einer Großaufnahme mit Andrea Schober

Festlegung des Bildausschnittes. ›Chinesisches Roulette‹

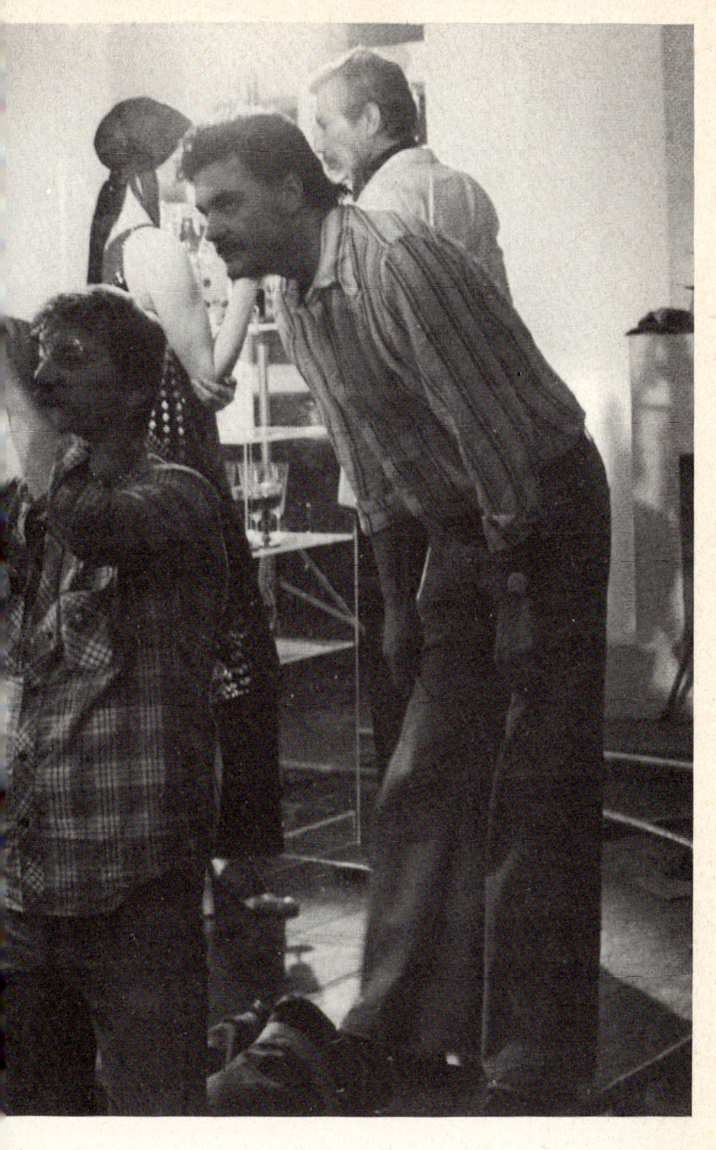

Wenn Fassbinder an den Drehort kommt, hat er bereits fest umrissene Vorstellungen; nach Besichtigung des Motivs werden die Einstellungen und Bewegungen der Kamera von ihm festgelegt. Der von Fassbinder oft zitierte »Spaß an der Arbeit« scheint auf den ersten Blick für einen Kameramann ziemlich gering zu werden, wenn er mit einem Regisseur zusammenarbeiten muß, der so genau weiß, was er will und nicht mehr viel Spielraum läßt für andere Erfindungen. Diese Vermutung erweist sich freilich schnell als Irrtum. So erklärt auch Ballhaus, der inzwischen etwa zehn Filme für Fassbinder gedreht hat:

»Wenn ein Regisseur so auf den Punkt genaue Vorstellungen mitbringt, wie Fassbinder, dann entsteht mein Spaß dadurch, daß ich versuche, wirklich exakt das herzustellen innerhalb der Bewegung der Kamera, innerhalb der Schwenks, Fahrten und Schärfenverlagerungen, und die Sensibilität zu erbringen, um diesen Punkt auch genau zu treffen. Das bringt eigene, spezifische Schwierigkeiten mit sich und hatte in unserer Zusammenarbeit zunächst einmal ziemliche Reibungen zur Folge, ganz klar. Man muß sich einfach erst darauf einstellen und verstehen, was da an Bildern entstehen soll. Dann aber macht es eigentlich mehr Spaß, so genaue Bewegungen, so genaue Bilder, auch in den Stimmungen des Lichts herzustellen – mehr Spaß auf jeden Fall als bei einem Regisseur, bei dem man im Grund machen kann, was immer man will, und der natürlich auch die Unterschiede gar nicht merkt. Es gibt Regisseure, bei denen es auf diese Genauigkeit weniger ankommt, denn da wird einfach viel mehr Material verdreht, und der Film entsteht dann eigentlich mehr am Schneidetisch. Und natürlich muß ich mich auch anstrengen, über das Erfüllen von Fassbinders Intentionen hinaus auch noch etwas Eigenes von mir in die Bilder hineinzubringen.«

Auffallend ist, daß gerade in einem von der Story her so einfachen Film wie ›Ich will doch nur, daß ihr mich liebt‹ sehr viele komplizierte Kamerabewegungen stattfinden. Das scheint zunächst schon von den Originalschauplätzen diktiert zu sein: die Motive waren in der Regel viel zu eng und beengend, um etwas anderes zuzulassen als einen »Slalomlauf« der Kamera; die große, freie Bewegung wäre da schon aus den örtlichen Gegebenheiten nur in den seltensten Fällen möglich gewesen. Fassbinder sieht in dieser Beengung vor allem auch den Drang, sich zurückzuziehen von der Handlung, sich an die Räume und Objekte gleichsam anzulehnen. Diese Beengungen werden freilich nur mittelbar durch die Originalschauplätze verursacht. Ballhaus: »Wenn der Rainer im Studio drehen würde, so würde er sich auch da Räume bauen und einrichten

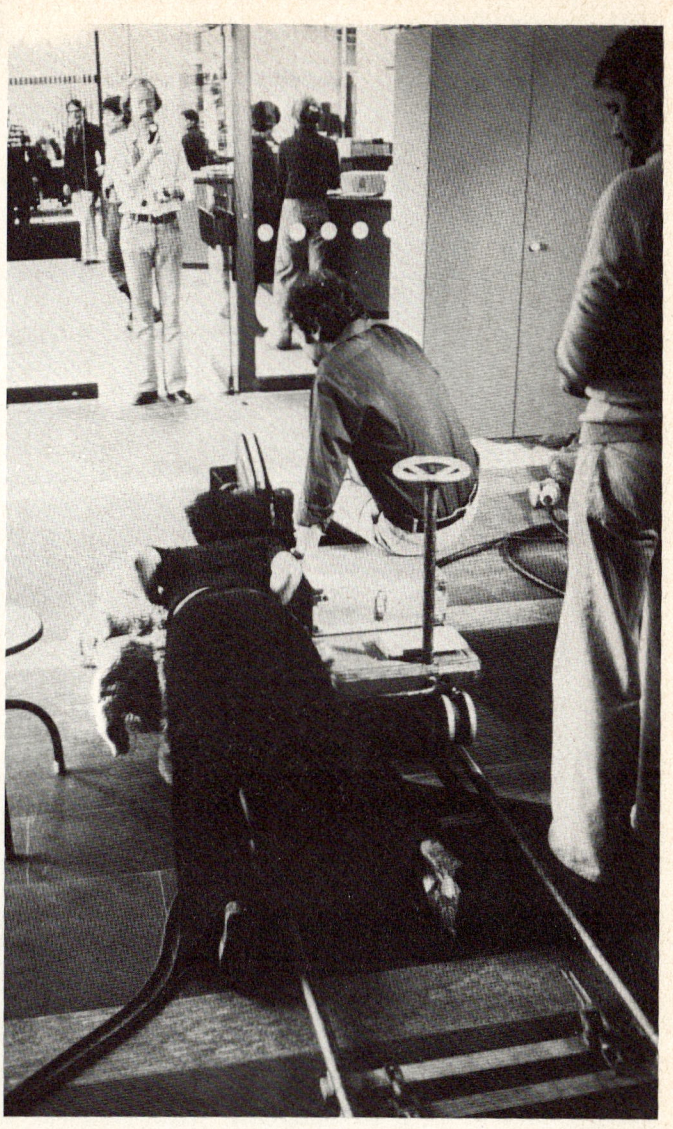

Dreharbeiten zu ›Satansbraten‹. Kontrolle des Lichts

Eine komplizierte Kamerafahrt, verbunden mit einem Schwenk, wird auf die Bewegung der Schauspieler abgestimmt (links)
Überprüfen des direkten Lichtwerts (unten und unten rechts)
Filmeinlegen gehört zum Job des Kamera-Assistenten (rechts)

lassen, die von der Kamera einen ›Slalom‹ erfordern, auch da würde er einen ›Abfahrtslauf‹ nicht zulassen. Im Gegenteil: Fassbinder könnte im Studio mit der Kompliziertheit von Räumen und Durchblicken noch viel weiter gehen und sich viel raffiniertere Räume bauen lassen als er sie in Originalmotiven findet.«

Fassbinder andererseits sieht die komplizierten Kamerabewegungen auch von seinem Kameramann provoziert: »Der Michael Ballhaus reizt mich einfach als Kameramann und zwingt mich sogar dazu, mir komplizierte Dinge auszudenken. Es ist einfach so, daß wir die einfacheren Sachen schon können. Wenn ich mit einem anderen Kameramann zusammenarbeite, da haben wir manchmal noch Schwierigkeiten, sogar die einfachen Dinge gemeinsam herzustellen, auf eine Art, daß wir beide dahinterstehen können. Michael Ballhaus und ich, wir sind uns in den einfacheren Dingen eben ohnehin einig; um dann auch noch neuen Spaß an der Arbeit zu haben, denkt man sich schließlich noch schwierigere Dinge aus.« Die Gefahr, daß dabei sehr schnell Übertreibungen entstehen könnten, daß sich die Artistik der Kamera vom Film löst und sich verselbständigt, sieht Fassbinder durchaus; er und Ballhaus betonen immer wieder, daß komplizierte Bewegungen der Kamera schon mit dem zu tun haben müssen, was vor der Kamera geschieht. Mit einfacher Verdoppelung hat das indes nichts zu tun. So würde man, nach der Lektüre der Drehbücher, für ›Satansbraten‹ weitaus kompliziertere Bewegungen der Kamera erwarten als für ›Ich will doch nur, daß ihr mich liebt‹. Und gerade ›Satansbraten‹ gehört – natürlich nur, soweit es die Kamera betrifft – zu den einfachsten Filmen, die Fassbinder bis heute inszeniert hat.

»Das, was in ›Satansbraten‹ vor der Kamera geschieht, ist schon so ›strange‹, so verrückt und bewegt, daß wir das mit der Kamera nicht nochmal mitmachen durften. Das sind ganz einfache Bildkompositionen geworden.« Kaum ein anderer Film Fassbinders weist weniger Fahrten auf, weniger Schwenks und Schärfenverlagerungen. Im Gegensatz dazu ist die Story von ›Ich will doch nur, daß ihr mich liebt‹ auf eine Weise einfach, daß, wie Fassbinder sagt, »man dem Moment, dem man Bedeutung geben will, seine Bedeutung durch die Kamera geben muß. Bei ›Satansbraten‹ war das nicht notwendig.«

Dieser Unterschied wird vor allem durch zwei inhaltlich vergleichbare Szenen deutlich. In beiden Filmen kommt ein Mann nach Hause und bringt Geld mit. Kurt Raab in ›Satansbraten‹ betritt einfach den Raum und hält das Geld vor sich hin; das wird ganz ruhig und normal inszeniert. Für ›Ich will doch nur, daß ihr mich

Michael Ballhaus und Fassbinder (oben)
Fassbinder und Kameramann Jürgen Jürges (unten)

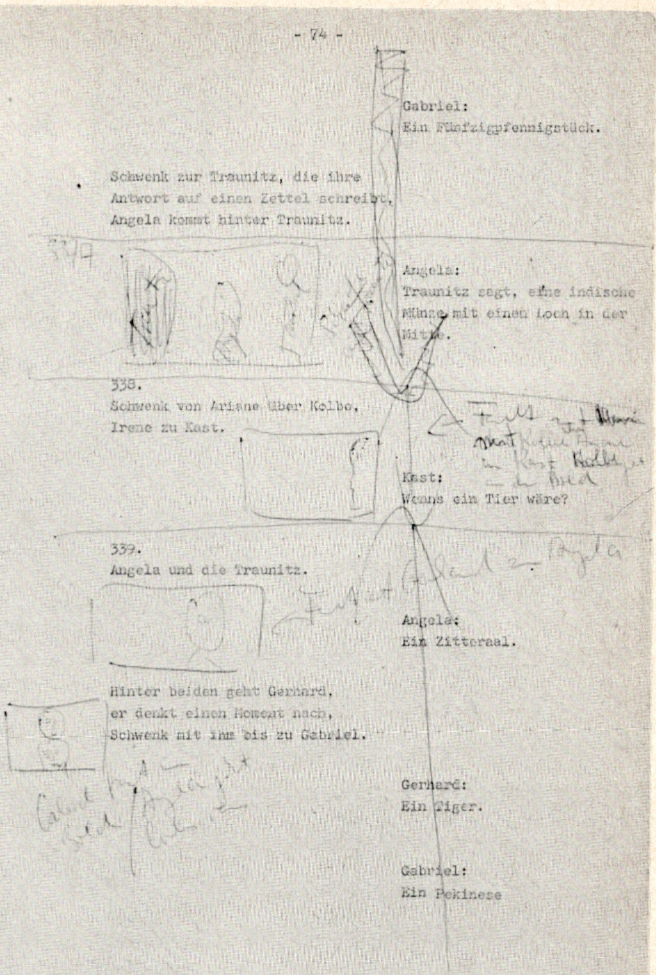

- 74 -

Gabriel:
Ein Fünfzigpfennigstück.

Schwenk zur Traunitz, die ihre Antwort auf einen Zettel schreibt, Angela kommt hinter Traunitz.

Angela:
Traunitz sagt, eine indische Münze mit einem Loch in der Mitte.

338.
Schwenk von Ariane über Kolbo, Irene zu Kast.

Kast:
Wenns ein Tier wäre?

339.
Angela und die Traunitz.

Angela:
Ein Zitteraal.

Hinter beiden geht Gerhard, er denkt einen Moment nach, Schwenk mit ihm bis zu Gabriel.

Gerhard:
Ein Tiger.

Gabriel:
Ein Pekinese

Aus Fassbinders Drehbuch ›Chinesisches Roulette‹. Links die jeweils entsprechenden realisierten Einstellungen

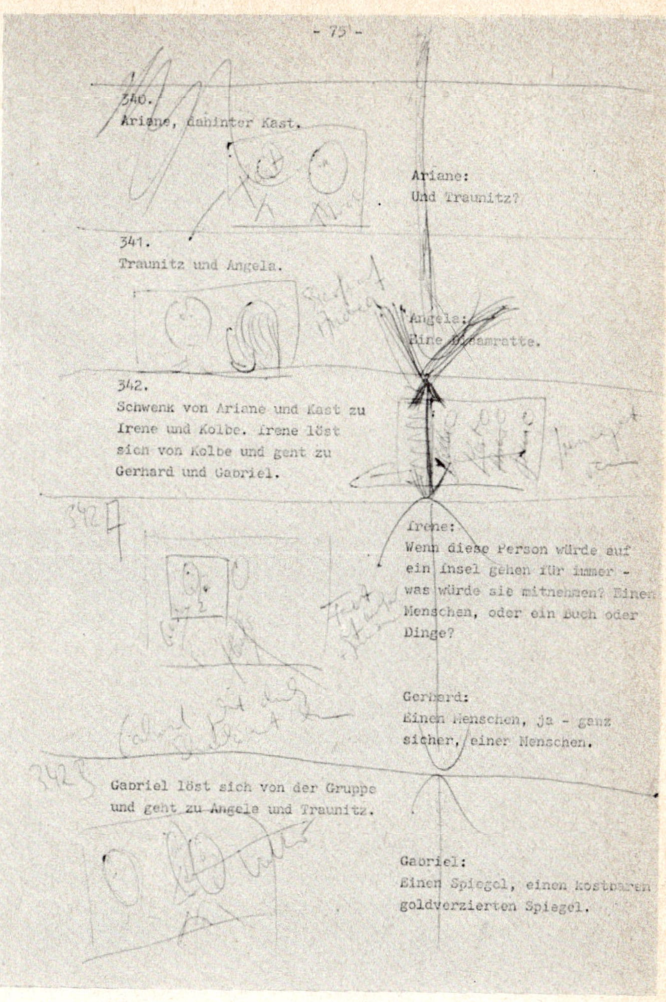

\- 75 -

340.
Ariane, dahinter Kast.

Ariane:
Und Traunitz?

341.
Traunitz und Angela.

Angela:
Eine Bisamratte.

342.
Schwenk von Ariane und Kast zu Irene und Kolbe. Irene löst sich von Kolbe und geht zu Gerhard und Gabriel.

342 A

Irene:
Wenn diese Person würde auf ein Insel gehen für immer - was würde sie mitnehmen? Einen Menschen, oder ein Buch oder Dinge?

Gerhard:
Einen Menschen, ja - ganz sicher, einer Menschen.

342 B
Gabriel löst sich von der Gruppe und geht zu Angela und Traunitz.

Gabriel:
Einen Spiegel, einen kostbaren goldverzierten Spiegel.

Aus Fassbinders Drehbuch ›Chinesisches Roulette‹. Links die jeweils entsprechenden realisierten Einstellungen

liebt‹ sind Fassbinder und Ballhaus mit der Kamera unter den Tisch gegangen und haben den Geldschein durch eine Glasplatte hindurch, mit Schärfenverlagerung, gezeigt. »Das ist zwar ein einfacher Vorgang, der aber in der Geschichte ebenso bedeutungsvoll ist wie der parallele Vorgang in ›Satansbraten‹, aber da ist er schon so verrückt, daß man das nun nicht mehr besonders zeigen muß. Bei ›Ich will doch nur, daß ihr mich liebt‹ hingegen mußten wir, um die Verrücktheit einer Sache wie Geld zu zeigen, mit der Kamera schon mindestens unter den Tisch gehen.« (Fassbinder).

Auch Ballhaus hatte sich beim Lesen des Drehbuchs von ›Satansbraten‹ viel mehr komplizierte Einstellungen vorgestellt, aber Fassbinder hat darauf bestanden, daß das so einfach wie möglich gehalten wurde, daß Bewegungen vor allem vor und nicht mit der Kamera stattfinden: »Hätte man den Wahnsinn, der da vor der Kamera geschieht, auch noch mit der Kamera mitgemacht, ich glaube, dann könnte man den Film einfach nicht mehr ansehen.« Ballhaus bestätigt: »Ich habe das dann auch eingesehen, daß das anders eben nicht funktioniert hätte.«

Komplizierter ist in ›Satansbraten‹ eigentlich nur eine einzige Sequenz geworden – bezeichnenderweise genau jene, die in dem von Fassbinder zunächst abgelehnten Motiv gedreht werden mußte. Vom Hauptmotiv – eine relativ geräumige Wohnung in einem Schwabinger Altbau – gibt es im Grunde nur sehr einfache Einstellungen, die tatsächlich durch den Wahnwitz der Geschichte den Eindruck ausgeklügelter Raffinesse erwecken; das Tempo des Inszenierten scheint das Tempo der Inszenierung zu steigern; zumal es keine langen Fahrten gibt, kann schneller geschnitten werden, und auch durch den Schnitt entsteht bei ›Satansbraten‹ mehr als in anderen Filmen Fassbinders Bewegung der Bilder. Und dennoch findet sich auch da jenes von Fassbinder und Raab bevorzugte Dickicht von Inneneinrichtung, durch das sich die Kamera zu kämpfen hat – nur geschieht dies eben weniger mit durchgehenden Bewegungen der Kamera als in verschiedene einzelne Einstellungen aufgelöst. »Noch vor fünf Jahren«, meint Fassbinder, »hätte ich da mit der Kamera die unheimlichsten Dinge veranstaltet, einfach weil ich Lust und schon auch Platz gehabt hätte – und das wäre wahrscheinlich vollkommen falsch gewesen.«

In ›Chinesisches Roulette‹ waren die Räume so großzügig, sie wurden auch nicht durch Inneneinrichtungen verstellt (Raab wollte sie nicht ausstatten); hier ließen sich Schienen legen, die elegante Kamerafahrten ermöglichten, hier war auch Platz für einen »Elemak« (eine Art Mini-Kamerakran), nichts stellte sich einer freien

Bewegung entgegen – und genau dabei war zu beobachten, daß Fassbinder eine zunehmende Vorliebe für immer unauffälligere und (beim Ansehen der Muster) auch kaum wahrnehmbare Kamera-Bewegungen zeigte.

Da gibt es beispielsweise eine Einstellung, in der Andrea Schober auf der Treppe steht, durch einen Kameraschwenk scheint sich ihr Kopf von links nach rechts durchs Bild zu bewegen; wenn das Mädchen dann abgeht, schwenkt die Kamera wieder von links nach rechts zurück. Selbst dem Kameramann war nicht klar, wieweit Fassbinder dies bewußt ausführen ließ, und was dabei entstanden ist, sieht Ballhaus selbst erst so richtig deutlich bei der Vorführung der Muster am Schneidetisch: »Aber ich finde so kleine Bewegungen unheimlich spannend und aufregend: wie sich da der Kopf des Mädchens im Bild unmerklich bewegt, dann kommt ein Abgang, bei dem sich das dann wiederholt. Oder auch auf dem Gang, da gibt es auch einmal eine Kamerabewegung, die man später eigentlich nicht mehr bewußt wahrnimmt: Wenn die Andrea von der Tür des Vaters zur Tür der Mutter geht, da fährt die Kamera ganz leicht zurück und dann wieder nach vorne, dreht aber leicht auf dem Hintergrund; beide Male zeigt dann die Kamera senkrecht auf eine Türe. Und einmal steht die Andrea auf der Treppe, da senkt sich die Kamera von 150 Zentimeter Höhe fast bis auf den Boden, verändert also den Blick auf das Mädchen, ohne daß man das eigentlich hinterher wirklich merkt.«

Vor allem für ›Chinesisches Roulette‹ suchte Fassbinder nach Bewegungen der Kamera, die man eher spürt als sieht, die irritieren und Spannung erzeugen. »Solche kompliziert herzustellenden, kaum wahrnehmbaren Bewegungen setze ich schon ganz bewußt ein«, erklärt Fassbinder, »wobei ich in solchen Fällen freilich auch noch nicht ganz genau weiß, ob die emotionale Wirkung, die ich mir vorstelle, sich dann hinterher auch tatsächlich einstellt. Das weiß man ja nie so genau bei Sachen, die man neu ausprobiert.«

Ganz auf eine emotional sich mitteilende Bildwirkung war die Arbeit der Kamera bei ›Ich will doch nur, daß ihr mich liebt‹ ausgerichtet. »Wir versuchen bei dem Film schon, irgendwie fremde Bilder herzustellen. Bilder, die zwar nicht auf den ersten Blick gleich fremd sind, bei denen sich aber, wenn man ein paar davon gesehen hat, irgendwie Spuren von Horror einstellen.« (Fassbinder)

Wie das funktionierte, zeigt recht anschaulich eine komplizierte Fahrt auf einer Isarbrücke. Die Kamera fährt, parallel zur Steinmauer des Geländers, von links nach rechts und sinkt dabei unmerklich und sehr weich ab; das Ende der Fahrt erfolgt nicht abrupt, sondern wird gleichzeitig aufgefangen und betont mit einem leichten Schwenk zurück nach links. Die Kamera ist dabei auf Vitus Zeplichal gerichtet, der parallel zur Fahrt über eine Nachbarbrücke geht, durch das Absinken der Kamera scheint er allmählich hinter der Steinmauer zu verschwinden.

Die Fahrt endet mit einem von der Mauer verstellten Blick und gibt so die Möglichkeit für eine spätere Überblendung in die nächste Einstellung. Gefühlsmäßig bekommt der Zuschauer dabei mit, wie der Held des Films immer weiter »verschwindet«, wie sich einfach eine Mauer zwischen diese Figur und ihren Betrachter schiebt.

»Einerseits distanziert man sich damit von dem Geschehen, da bricht ja plötzlich eine Katastrophe aus – und andererseits zeigt diese Bewegung doch auch mein Gefühl und mein Verständnis, das ich für den habe, der so handelt. Ich habe versucht, durch diese Fahrt irgendwie eine zärtliche Beziehung herzustellen zu dieser Figur, und auch Distanz und Trauer; das Absinken der Kamera ist ja auch irgendwie eine ziemlich traurige Bewegung.«

Weil das dafür notwendige Gerät, ein »Elemak«, nicht zur Verfügung stand, war diese Fahrt handwerklich recht schwierig herzustellen. Statt die Abwärtsbewegung einfach mit einem sinkenden Kran-Arm herzustellen, mußte man die Kamera im auf Schienen geschobenen Stativ in seiner vertikalen Achse durchsinken lassen – genau der Bewegung von links nach rechts angeglichen; am Ende der Fahrt mußte auch die Kamera ganz unten angekommen sein. Da hat die geizige Bavaria gespart, klagt Fassbinder. »Wäre das eine Eigenproduktion, also mit ›Albatros‹ oder ›Tango‹ gewesen, so hätten wir das nötige Gerät sicher dabeigehabt, auch auf die Gefahr hin, daß man es gar nicht braucht. Ich bin ja nicht so hysterisch, daß, wenn's da ist, das Gerät auch unbedingt eingesetzt werden muß. Aber man hat damit ja einfach viel mehr Möglichkeiten. Nur gelte ich eben auch als Regisseur, der sich auf solche Situationen ohne große Schwierigkeiten einstellen kann.«

Gleichzeitig zeigt diese Fahrt auf der Isarbrücke übrigens auch eine für Fassbinder typische Mischung aus Stadt-Landschaft und Natur. Auch hier wird der Zuschauer weniger bewußt wahrnehmen als spüren, wie sich dabei Eindrücke von Freiheit und Zwängen verbinden – und darauf wird eben letztlich allein mit formalen Mitteln hingewiesen, nicht mit inhaltlichen.

Bei derartigen handwerklichen Problemen werden natürlich die Mitarbeiter, besonders die Assistenten, weitaus mehr gefordert als der Regisseur oder der Mann hinter der Kamera. Vergleicht man diese Arbeitsweise etwa mit der eingespielter Fernseh-Teams, so

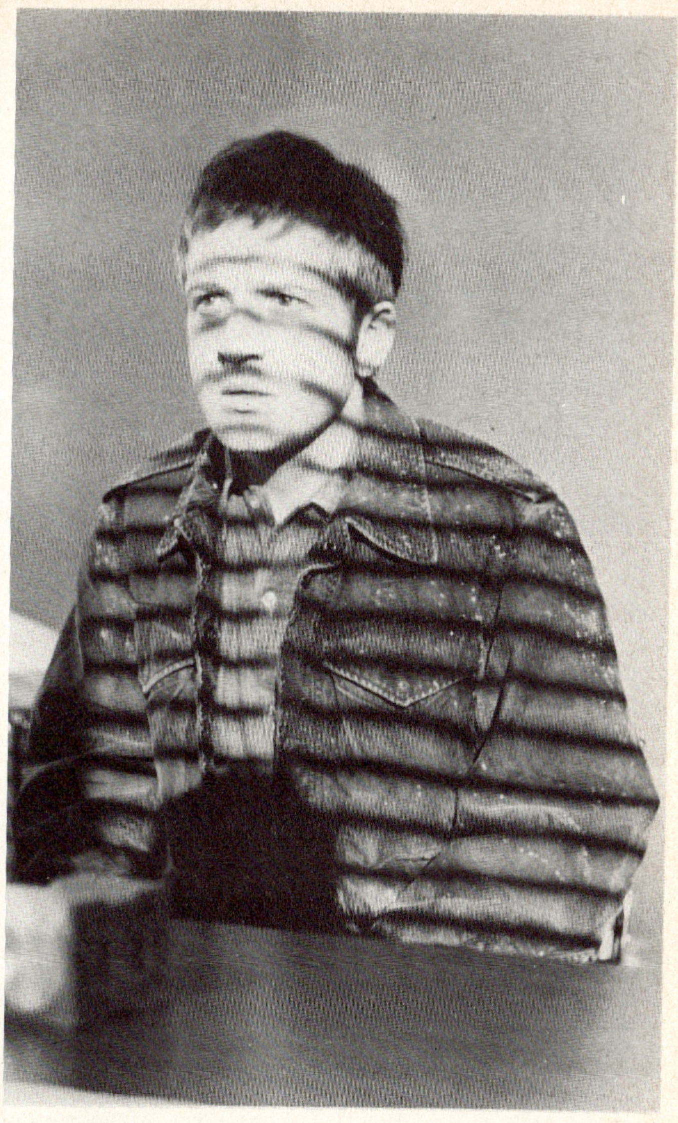

Vitus Zeplichal in ›Ich will doch nur, daß ihr mich liebt‹. Schatten als Effekt

›Satansbraten‹: Die ersten Einstellungen mit Kameramann Jürgen Jürges

sieht man auch sofort, wie wenig Bequemlichkeit die Mitarbeit bei Fassbinder bringt – aber eben keine Langeweile. Auch Ballhaus bestätigt dies: »Früher habe ich immer gedacht, man müßte seine Mitarbeiter möglichst schonen und sie möglichst wenig arbeiten lassen, damit nicht zu viel von ihnen verlangt wird – bis ich festgestellt habe, daß das überhaupt nicht stimmt. Je mehr verlangt wird, desto mehr Spaß macht's auch ihnen.« Ballhaus war schließlich auch lange genug beim Fernsehen tätig.

So entsteht auch kein Ärger, wenn für ein ganz kleines Stückchen Fahrt, das man vielleicht auch mit einem Schwenk oder Zoom hätte ersetzen können, ein umständlicher Umbau notwendig wird. Man hat den Eindruck, als würde jeder Mitarbeiter ohne große Erklärung schon wissen, wie Fassbinders Vorstellungen aussehen, und daß sie nicht nach dem Grundsatz der Bequemlichkeit zu realisieren sind. Gerade der beim Fernsehen bis zum Exzess praktizierte Einsatz der Gummilinse – der statt einer Fahrt nur eine Drehung am Objektiv erfordert – ist hierfür ein Beispiel. Fassbinder setzt auch die Zoom-Linse in der Regel nur während einer ohnehin durchgeführten Fahrt ein, um diese Bewegung noch zu unterstützen. »Ich mag es halt nicht, wenn der ganze Reiz, den ein Bild haben soll, mit dem Zoom entsteht, denn das stumpft den Zuschauer nur ab.«

Fassbinder läßt seinem Kameramann Ballhaus beim Einrichten des Lichts zunächst einmal völlig freie Hand, mischt sich nicht ein, wieviel Scheinwerfer aufgestellt und wo sie plaziert werden und ob das Licht weich oder hart kommen soll. Die beiden kennen sich natürlich längst viel zu gut, daß einer von ihnen etwas durchsetzen möchte, das dem anderen gegen den Strich gehen könnte.

In der grundsätzlichen Verwendung des Lichts hat Fassbinder eine ganz deutliche Entwicklung gemacht. In seinen ersten Filmen hat alles immer so hell wie nur irgendwie möglich sein müssen, da gab es immer wieder Bilder, die nahezu überbelichtet waren, am deutlichsten vielleicht in ›Katzelmacher‹. »Das hat ziemlich lange gedauert, bis ich darauf kam, daß man mit dem Licht auch Abstufungen machen kann. Das haben wir dann zusammen, der Ballhaus und ich, gemacht; jetzt finde ich's manchmal eher zu hell. Was ich im Moment gar nicht leiden kann, ist, wenn so ein Raum überall gleichmäßig hell ist; das macht mich irgendwie ganz traurig.«

Fassbinder mag aber dennoch kein stark dramatisch eingesetztes Licht, das nur die Höhepunkte eines Bildes hervorhebt und alles andere im Dunkel verschwinden läßt (wie etwa Ottokar Runze es in ›Verlorenes Leben‹ praktiziert). Die Dramatik einer Szene entsteht bei ihm nie durch die Lichtführung, Licht dient in seinen Filmen der Atmosphäre der Bilder. Für ›Faustrecht der Freiheit‹ zum Beispiel hat er fast durchgehend ein sehr hartes, ungebrochenes Licht verwendet, das auch sehr scharfe Schatten und Konturen entstehen läßt, in ›Mutter Küsters Fahrt zum Himmel‹ setzte er dagegen ein viel weicheres, diffuseres Licht ein.

Die Lichtführung in den Filmen Fassbinders ist sehr selten auf Realimus bedacht und widerspricht den »normalen« Sehgewohnheiten, nach denen man einen Vordergrund heller sieht als einen Hintergrund. Fassbinder zeigt mit Vorliebe dunklere Vordergründe und hellt seine Bilder nach hinten dann überraschend stark auf. Nicht selten steigert er diese Wirkung noch durch Gegenstände, die er in den Vordergrund, in die Nähe der Kamera plaziert, die das Bild versperren oder einengen. Ähnlich funktioniert auch der in seinen Filmen fast regelmäßig stattfindende Blick durch Türen, die dem Bild im Vordergrund einen dunklen Cash oder Rahmen geben, den Blick zunächst behindern und dann nach hinten bündeln. Solche

Brückenszene aus ›Satansbraten‹

Einstellungen gibt es sowohl in ›Ich will doch nur, daß ihr mich liebt‹ wie auch in ›Satansbraten‹ und ›Chinesisches Roulette‹.

Sicher ist diese Vorliebe auch von Fassbinders Drehorten beeinflußt. In vielen Originalmotiven oder Wohnungen muß die Kamera (nicht wie in den versetzbaren Wänden des Ateliers) ein Zimmer verlassen, wenn sie die Personen darin totaler erfassen will. (Man braucht ja nur zu versuchen, zu Hause seine gute Stube in einem möglichst großen Bildausschnitt zu fotografieren, um festzustellen, wie schnell man sich da durch eine Türe auf den Gang bewegt!)

Bei der Arbeit an ›Ich will doch nur, daß ihr mich liebt‹ kam es darüber sogar zu Diskussionen zwischen dem Regisseur und seinem Kameramann, dem das offensichtlich schon fast zuviel wurde. Fassbinder: »Wir zeigen die beiden fast immer nur durch Türen, als würden sie beobachtet werden – und das werden sie ja auch, und wenn's nur wir sind. Also bleibt die Kamera hier stehen!« So endete ein Disput über eine Einstellung. Dabei geht es eigentlich immer um inhaltliche Auseinandersetzungen und nicht um die technischen Möglichkeiten oder Unmöglichkeiten, die Vorstellungen des Regisseurs zu realisieren. Am Ende einer anderen der eigentlich sehr selten geführten Auseinandersetzungen, die sehr freundschaftlich verlaufen, erklärt Ballhaus: »Mit Technik komm ich dir nicht – gut, du sollst es so haben, wie du es willst!«

Auf jeden Fall bekommen die Bilder durch solche Blickwinkel mehr Tiefe. »Ich finde das einfach schöner. Und was vorne ist, muß man nicht unbedingt ausstellen; man soll schon Abstufungen haben, aber gerade darum muß man nicht auch noch durch das Licht betonen, was ohnehin schon nah an der Kamera ist. Überdeutliches mag ich nicht, auch keine Kamerabewegungen, die ständig alles vorzeigen, was man hat und was man kann.« (Fassbinder)

Die häufig in den Vordergrund gerückten Objekte dienen indes nicht nur der Tiefenwirkung eines Bildes; Fassbinder versucht damit auch, Menschen in Beziehung zu setzen mit Gegenständen: Nicht bewußt, sondern gefühlsmäßig soll der Zuschauer erfahren, daß Menschen in einer Welt leben, die gegenständlich ist, daß es Dinge gibt, die man benutzen kann, »daß ein Mensch nicht einfach etwas ist, das frei durch die Landschaft läuft, sondern etwas, das sich innerhalb von Grenzen bewegt.« (Fassbinder)

Michael Ballhaus hat sich inzwischen an Fassbinders Raumgefühl und die Arbeit in Originalmotiven so weit gewöhnt, daß er sich sogar im Atelier lieber eine Decke einziehen läßt: »Von oben so viel Licht reinzugeben, finde ich falsch, denn das gibt's in Wirklichkeit eigentlich auch nicht. Ich will das Licht von draußen haben, es soll durch's Fenster kommen und sich brechen.« Für Beleuchter und Ton-Teams bedeutet es natürlich zusätzliche und schwierigere Arbeit, wenn der Raum im Studio nicht nach oben hin offen ist, denn der Ton läßt sich nicht mehr bequem von oben »angeln« und für die Beleuchter stehen die Scheinwerferbrücken über den Kulissen nicht zur Verfügung.

Ballhaus achtet darauf, daß keine Lichtrichtungen im Bild zu sehen sind, die nicht von im Bild selbst angegebenen oder gezeigten Lichtquellen kommen; zudem freilich verstärkt er dann die Lichtquellen in der Richtung, in der er sie haben will: »Licht hat eine sehr starke dramaturgische Funktion, und jedes Bild wird maximal durch das Hell und Dunkel, also durch die Lichtführung bestimmt; da ist es mir manchmal egal, ob das Licht logisch ist oder nicht, es muß vor allem für das jeweilige Bild, für die Stimmung und die dramaturgische Absicht stimmen. Emotionale Logik muß es immer haben, aber nicht immer eine realistische oder gar naturalistische Logik.«

Fassbinder läßt Ballhaus beim Einrichten des Lichts in der Regel freie Hand. Meinungsverschiedenheiten, betonen beide, werden immer seltener, und der Kameramann weiß immer genauer, was sein Regisseur haben will: »Ich spüre, was er sich dabei denkt, wäre aber in keinem Moment betroffen oder beleidigt, wenn ich plötzlich etwas ganz anderes machen soll als das, was ich vorbereitet habe – auch nicht gegenüber den Leuten, denen gegenüber ich das wieder zu vertreten habe. Und wenn man das vertritt, machen auch die Mitarbeiter gerne mit. Mir geht es schließlich immer wieder so, daß ich hinterher darüber überrascht bin, wie so ein Film dann aussieht – vor allem gegenüber dem Drehbuch.«

Zunächst verständigen sich Regisseur und Kameramann über die Atmosphäre eines Films; auch die Farbwerte werden besprochen. Man unterhält sich darüber, »ob es eher ein bunter Film werden soll oder ein mehr entfärbter. Aber das geht in keinem Fall so weit wie bei Antonioni, der ganze Baum- und Hausreihen anstreichen ließ, das halte ich für ein Extrem, das mag ich dann auch nicht mehr.« ›Ich will doch nur, daß ihr mich liebt‹ war im Grundton von gelben Farben bestimmt. Das ist eine Entscheidung, die schon vor dem Drehen getroffen und dann mit der Ausstattung abgestimmt wird. Fassbinder findet die Farbe am besten, »wenn sie nicht stört, wenn sie mit dem Licht und mit den Schauspielern irgendwie harmoniert, wenn sie nicht mehr und nicht weniger hergibt als eine Grundstimmung«.

Dieses scheinbare Sich-von-selbst-Ergeben, das man bei Fassbinders Dreharbeiten immer wieder beobachten kann, gilt auch für die

Brigitte Mira und Hannes Kaetner in ›Satansbraten‹

Farbe. »Wir sprechen zwar manchmal über Farben, und wie sie sein müßten, aber eigentlich entwickelt sich das immer aus der Situation heraus«, berichtet Michael Ballhaus. Selbst den Dreharbeiten von ›Die bitteren Tränen der Petra von Kant‹ – ein Film, in dem jeder der klar aufgeteilten Akte in einer anderen Grundfarbe gehalten ist – ist keine theoretische Diskussion über die Farbgebung vorausgegangen.

Für ›Chinesisches Roulette‹ wurde Agfa-Gevaert-Material verwendet; da entstehen sehr weiche Farben, es läßt auch sehr volle Gelb- und Brauntöne zu. »Oben in den Zimmern wird das dann sehr hell; sonst in diesem Haus sind Licht- und Farbtöne entstanden, die ein bißchen einbetten und einlullen, vielleicht auch manchmal dennoch ein wenig Angst machen. Dann plötzlich in den Zimmern, mit diesem Dekor aus Plexiglas, da bricht das auf.« (Ballhaus)

Mitunter werden auch, um der Farbwirkung willen, Kostüme und Requisiten verändert. »Das sind aber alles Dinge, die ganz von selbst kommen, wenn man einmal eine grundsätzliche Vereinbarung über die farbliche Atmosphäre getroffen hat. Und es haben ja auch die Schauspieler ihre eigene Wertigkeit, in ihren Farben und in ihrem

Spiel, und zusammen mit den Bewegungen der Kamera ergibt sich eine Stimmung, die erst das herstellt, was man eigentlich haben möchte. Da muß man gar nicht viel darüber reden, man stellt dann nachher fest, daß man richtig gearbeitet hat.« (Ballhaus) – »Diese theoretischen Erörterungen finde ich auch ganz schrecklich. Das läßt sich dann ja doch nicht genau herstellen, und dann kommt man eben auch auf so schreckliche Einfälle, daß man einen Baum blau streichen läßt. So weit sollte man eine Theorie nie treiben, daß man nachher nur mehr den guten Willen erkennen kann.« (Fassbinder)

Wer Fassbinders Dreharbeiten beobachtet, dem fällt zunächst vor allem die Selbstverständlichkeit auf, mit der seine Szenen entstehen. Er beschreibt Haltungen, macht aber wenig vor, geht nie in die Position eines Schauspielers, um ihm zu zeigen, was von ihm erwartet wird; es scheint sich alles überaus mühelos zu entwickeln. Auch dies hängt zusammen mit den Schwerpunkten in Fassbinders Arbeitsweise: Dressur-Akten versucht er schon bei der Besetzung der Rollen vorzubeugen.

Nun gilt gerade Fassbinder gewöhnlich als Dompteur; die Geschichten, die über ihn und seinen Umgang mit Schauspielern kursieren, sind alles andere eher als erfreulich – aber ich habe sie, soweit ich die Arbeit in den drei Filmen verfolgen konnte, nicht bestätigt gesehen. Mag sein, daß er sich inzwischen geändert hat, mag sein, daß er vor allem bei Bühnen-Inszenierungen gewalttätiger mit Schauspielern umgeht oder sich infolge der Anwesenheit eines »Chronisten« unübliche Zurückhaltung auferlegt hatte – aber ich habe ihn im Umgang mit Darstellern und Stab erstaunlich ruhig, beherrscht und freundschaftlich gesehen, daran ändert auch eine gelegentliche Unmutsäußerung nichts.

»Man kann schon falsch besetzen, und dann muß man ständig umherlaufen und erklären, aber das hasse ich wahnsinnig, denn dann macht ein Schauspieler nur noch das, was ich will – und das ist auch nicht das, was ich mir wünsche. Ich stelle mir schon vor, daß ein Schauspieler sich denkt, er macht, was ich will, oder er erspürt meine Vorstellungen und macht das dann mit – aber das hat dann eben mit uns beiden zu tun, mit ihm und mit mir, und das finde ich toll. Aber wenn ich einem Schauspieler alles erklären muß, und der versucht dann, das herzustellen, dann hat das ja mit ihm nichts mehr zu tun.«

Schauspieler, die sich damit zufrieden geben, ihre Person einzubringen und sich darüber hinaus für nichts mehr interessieren, mag Fassbinder, nach seinen eigenen Worten, nicht besonders gern. Andererseits finden während der Dreharbeiten auch keine eingehenden Diskussionen oder Interpretations-Gespräche statt, weder über die Bedeutung des ganzen Films noch über die Intentionen, die er mit einer bestimmten Szene verfolgt. Bezeichnend ist eine Bemerkung von Macha Méril: »Bei der Arbeit mit ihm ist es wie mit der

Liebe. Da muß man einfach oft nichts sagen, man versteht sich von selbst... Ich stelle ihm auch keine Fragen nach dem Warum oder Wie, ich versuche, es zu erraten oder zu erspüren. Darin ist Fassbinder dem Regisseur Godard sehr ähnlich: beide erklären die Dinge nicht. Aber die Arbeit mit ihm macht Spaß; man weiß, er nimmt mehr von einem, er verlangt mehr, als es andere tun oder können.«

Fassbinder beschreibt seinen Darstellern die Stimmungen oder Haltungen so, als ob es die fertige Szene schon geben würde, aber er zwingt ihnen dann seine Vorstellungen doch nicht auf, sondern versucht allenfalls, sie zu suggerieren. »Und er macht oft mit einem einzigen Satz eine ganze Szene klar.« (Raab) Die Regieanweisungen geben dann in der Regel Richtungen an, beschreiben einen Weg. Bevor er einen reinen Dressur-Akt vornehmen muß, um irgendeine beabsichtigte Wirkung zu erzwingen, entschließt er sich unter Umständen leichter zu einer Umbesetzung, wie bei den Arbeiten am ›Satansbraten‹.

Für die Rolle der Luise Kranz war zunächst Peggy Parnass vorgesehen, die dann einfach mit dieser Figur nicht zurechtkam, die sich offensichtlich immer etwas fremd und unbehaglich in ihrer Rolle fühlte. Anstatt die Schauspielerin nun auf dem Weg inszenatorischer Gewalt in die beabsichtigte Richtung zu trimmen, nahm Fassbinder lieber zwei verlorene Drehtage in Kauf (und dies bei einer eigenen, ohnehin sehr knapp kalkulierten Produktion) und holte Helen Vita für diese Rolle.

Die Gründe, die Fassbinder letztlich zu dieser Umbesetzung veranlaßten, sind schwer exakt zu beschreiben. Vor allem hatte Peggy Parnass nie die Beziehung zu den Räumen entwickelt, die Fassbinder sehen wollte, es fiel ihr sichtlich schwer, sich in der Kranz'schen Wohnung so zu bewegen, als sei es die ihre; es mag auch gar nicht so sehr an unmittelbaren schauspielerischen Qualitäten gelegen haben – sie konnte einfach den Spaß, den ihre Kollegen an dieser Arbeit fanden, nicht so ganz nachvollziehen, und dies wurde schon während des Drehens und noch mehr bei der Besichtigung der Muster deutlich. Ob Fassbinder im äußersten Notfall die präzise Dressur, den unvermeidlichen Zwang zum Imitieren seiner Vorstellungen bewältigt hätte, ist ungewiß.

Fassbinders Haltung gegenüber allen seinen Mitarbeitern wird bei der Behandlung der Schauspieler am deutlichsten. Er wirkt da wie eine Mischung aus Hebamme und Vampir, braucht die Impulse der anderen für seine eigene Produktivität. Die Auswirkungen dieser

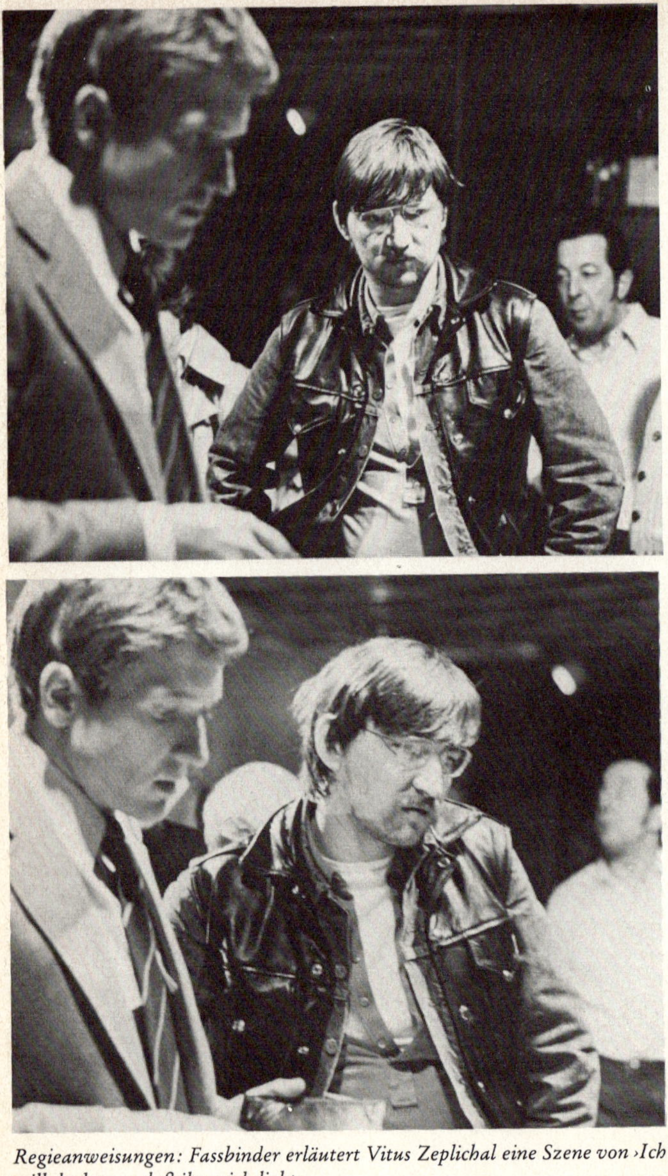

Regieanweisungen: Fassbinder erläutert Vitus Zeplichal eine Szene von ›Ich will doch nur, daß ihr mich liebt‹

höchst ambivalenten Eigenschaften sind unterschiedlich und hängen von den jeweils Betroffenen ab. Peggy Parnass dürfte sich von ihrem Regisseur vermutlich allein gelassen gefühlt haben; an Dressur gewöhnte Schauspieler werden sich von Fassbinder vielleicht eher zu wenig gefordert fühlen. Kurt Raab sieht diese Eigenschaft hingegen sehr positiv: »Der Rainer läßt einen nur das machen, was man auch wirklich kann. Man muß nicht irgend etwas tun, bei dem man glaubt, man sei schlecht. Für mich gibt es da ein ganz konkretes Beispiel: ›Satansbraten‹. Das Projekt war ursprünglich noch viel ›pornografischer‹, im bildlichen Sinn, denn der Kranz sollte da nackt durch alle Betten springen – und ich habe gesagt, daß ich das nicht spielen würde. Der Rainer weiß das auch, daß ich da so eine Hemmung habe, daß mir das überhaupt nicht behagen würde – also hat er das schließlich einfach weggelassen.« So sind auch die Drehbücher, die in der Regel schon unter Berücksichtigung der späteren Besetzung entstehen, von den Darstellern selbst beeinflußt; allerdings hat das gewisse Grenzen. Die Rolle des Gerhard in ›Chinesisches Roulette‹ sollte ursprünglich Kurt Raab spielen, für ihn wurde sie zunächst überhaupt entworfen. Aber schon während des Schreibens konnte sich Fassbinder seinen »dienstältesten« Schauspieler immer weniger in der entstehenden Rolle vorstellen.

»Irgendwie habe ich mich nicht getraut, ihm das zu sagen, über Wochen hin nicht. Und aus diesem Grund habe ich mich dann auch lange Zeit um keinen anderen Schauspieler bemüht. Erst am Drehort, in Stöckach, konnte ich nicht mehr anders, als es ihm zu sagen. Wer dann schließlich wirklich gekommen ist, um diese Rolle zu spielen, das hat auch etwas Zufälliges, und so ähnlich war es übrigens auch bei Macha Méril. Mit dem Kurt Raab wäre ›Chinesisches Roulette‹ dann eben ein ganz anderer Film geworden als mit Alexander Allerson.«

Kurt Raab seinerseits spricht von einem »ungeheuer schlimmen Gefühl« bei der Lektüre des fertigen Drehbuchs. »Ich habe in der Rolle, die ich da spielen sollte, eigentlich immer den Karlheinz Böhm gesehen; dem Rainer sagte ich auch gleich, daß ich nicht finden könnte, daß ich das sei. Wahrscheinlich war er selber auch ziemlich unsicher. Er hat dann lange mit mir darüber diskutiert und sich dann, Gott sei Dank, meiner Meinung angeschlossen. Ich hatte wirklich Angst vor dieser Rolle gehabt.«

Ganz so wohlgefällig freilich kann diese Umbesetzung nicht stattgefunden haben, denn offensichtlich hat Fassbinder mehrfach seinen Darsteller Ulli Lommel vorgeschickt, der sich nach Kurt

Raabs möglichen Reaktionen auf eine Umbesetzung erkundigen sollte.

Natürlich kommt auch Fassbinder nicht immer ohne diktatorische Maßnahmen gegenüber einem Schauspieler aus. Bei Ben Salem etwa, in ›Angst essen Seele auf‹, wurde alles bis ins letzte Detail inszeniert. »Da habe ich jedes Wort mitgesprochen, während er gespielt hat, ich habe ihm jede Pause angegeben und ihm gesagt ›jetzt schau nach links‹ und so – das geht schon auch, nur finde ich den anderen Weg schöner und richtiger, wenn man dem Schauspieler maximal sagt, was der Hintergrund eines Ausdrucks ist.« So kann auch schon die Besetzung einer Rolle diktieren, auf Originalton zu verzichten und nachträglich im Studio zu synchronisieren, wie es bei größeren Produktionen ohnehin die Regel ist.

Proben finden während Fassbinders Dreharbeiten nur in erstaunlich geringem Umfang statt; er gibt sich zunächst mit dem Wissen zufrieden, daß ein Schauspieler seine Vorstellungen begriffen hat, besonders bei schwierigen Einstellungen. »Das hat halt mit Proben wenig zu tun, wenn's der Zufall will, dann klappt es auch.« Und immer wieder läßt sich beobachten, daß die Szenen bei laufender Kamera dann tatsächlich besser werden, weil mehr Spannung und Konzentration entsteht. Manche Schauspieler, wie Vitus Zeplichal, scheinen von der laufenden Kamera in ihren Leistungen geradezu abhängig zu sein.

»Das mit den Proben hat überhaupt keinen Sinn; die meisten Darsteller sind erst dann wirklich konzentriert, wenn die Kamera läuft – da drehe ich dann eben lieber eine Einstellung einmal mehr. Wenn die Sachen kompliziert werden, sind oft die ersten Aufnahmen die besten, weil da auch die Konzentrationsfähigkeit noch am stärksten ist. Ein Schauspieler muß sich zudem ja auch auf den Raum einspielen, und da kann man ihm eigentlich kaum helfen.«

Ärgerlich wird Fassbinder nicht so leicht, wenn ein Schauspieler eine Haltung oder einen Ausdruck »nicht bringt«; bösere Worte fallen eher, wenn er an der grundsätzlichen Einstellung zur Arbeit bei einem seiner Mitarbeiter etwas zu bemängeln findet, und mitunter wirkt seine Zielstrebigkeit beängstigend. Insofern erfüllt er genau die Kriterien, die für Macha Méril den »guten Regisseur« ausmachen: »Gute Gesundheit, Charakter und auch ein wenig Talent.«

In ›Chinesisches Roulette‹ ist deutlich eine Mischung aus Fassbinders Vorstellungen von Schauspielerführung zu erkennen. Margit Carstensen und Ulli Lommel, aber auch die zum ersten Mal mit Fassbinder arbeitenden Schauspielerinnen Anna Karina und

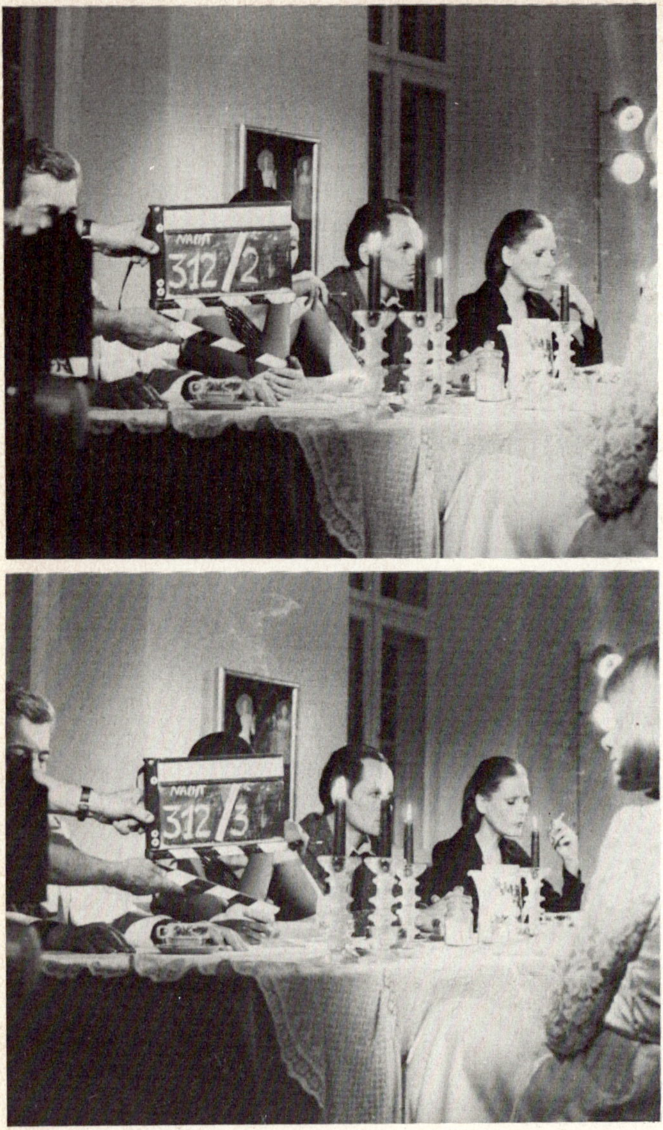

›Chinesisches Roulette‹: Mehrere Versuche der gleichen Einstellung, dazwischen Nachschminken

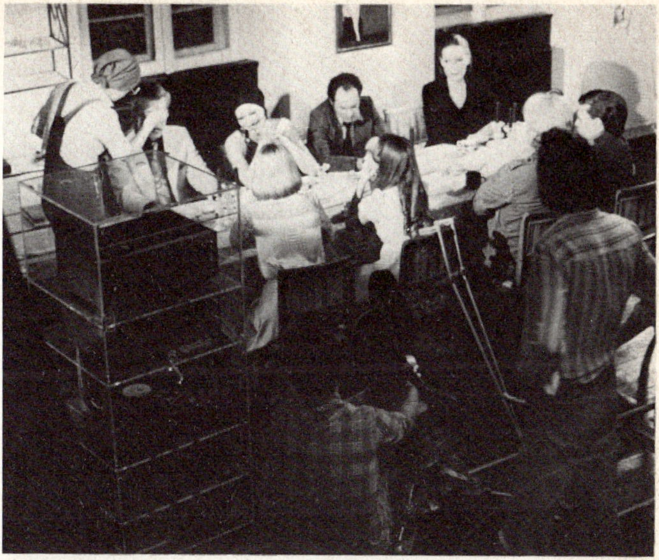

312 5

Elke Aberle und Vitus Zeplichal in ›Ich will doch nur, daß ihr mich liebt‹

Anna Karina in ›Chinesisches Roulette‹

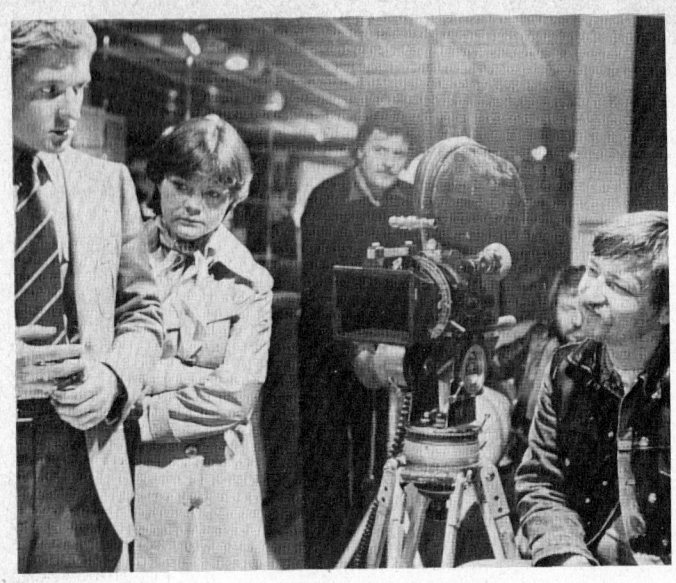

›Ich will doch nur, daß ihr mich liebt‹: Szene in der Cafébar

Macha Méril scheinen wie von selbst den Ton und die Haltungen zu finden, die sich ihr Regisseur vorstellt – oder die ihn überzeugen. Dem Alexander Allerson oder der jungen Andrea Schober, die beide nicht zum ersten Mal bei Fassbinder spielen, wird ungewöhnlich viel erklärt und beschrieben, Haltungen und Hintergründe erläutert, sogar Motivationen, beiden sagt er regelmäßig, wie und was sie spielen sollen. Da kommt er auch nicht daran vorbei, ab und zu ein wenig vorzuspielen, doch dies geschieht hier nie in der Position des Darstellers, sondern immer von der Kamera aus. Für Fassbinder bedeutet dies »die letzte Möglichkeit, denn was soll ein Schauspieler schon damit anfangen. Manchmal klappt das ja, aber mein Ideal wäre, nur mit Schauspielern zusammenzuarbeiten, mit denen man einmal, bevor man einen Film zu drehen beginnt, darüber redet, warum man ihn macht und was für mich selbst das Wichtigste daran ist. Von da an sollte ein Schauspieler einfach mit dabei sein und auch selber erfinden. Ich erfinde die Geschichte und die Bilder für ihn, und er erfindet den Ausdruck dazu. Das wäre das Ideal, aber wahrscheinlich wird das nie der Fall sein, daß man einen Film so machen kann. Das Prinzip der Imitation freilich finde ich furchtbar.

Ein Schauspieler muß versuchen, die Welt in einer Figur herzustellen, aber niemals die Figur selbst.«

Ein Problem für Fassbinder sind offensichtlich »Massenszenen«; da wird er sehr schnell unlustig und zeigt fast Abneigung vor der Arbeit. Einige Einstellungen im Deutschen Theater in München, für ›Ich will doch nur, daß ihr mich liebt‹, hätte er vermutlich am liebsten seinem Regieassistenten und dem Kameramann überlassen: »Er soll halt seine Statisten inszenieren, der Christian«, ruft Fassbinder aus einer Ecke in den Raum. Auf den ersten Blick erscheint dies als schnoddrige Arroganz, in Wirklichkeit ist dies eher auf seine Unsicherheit gegenüber jenen Leuten vor der Kamera zurückzuführen, die ihm nicht irgendwie vertraut sind.

Fassbinder begründet seine Abneigung damit, daß das »Leute sind, die sich nur im Hintergrund bewegen; das sind nicht wirkliche Menschen, die Reaktionen haben, die sind nur da, weil die Szene an einem Ort spielt, an dem halt Leute sind. Und dann, wenn sie wirklich Reaktionen haben, dann sind sie meistens nicht gut. Hier in der Bundesrepublik gibt's halt auch keine guten Statisten. In Frankreich etwa, da gibt es richtige Berufsstatisten, die machen

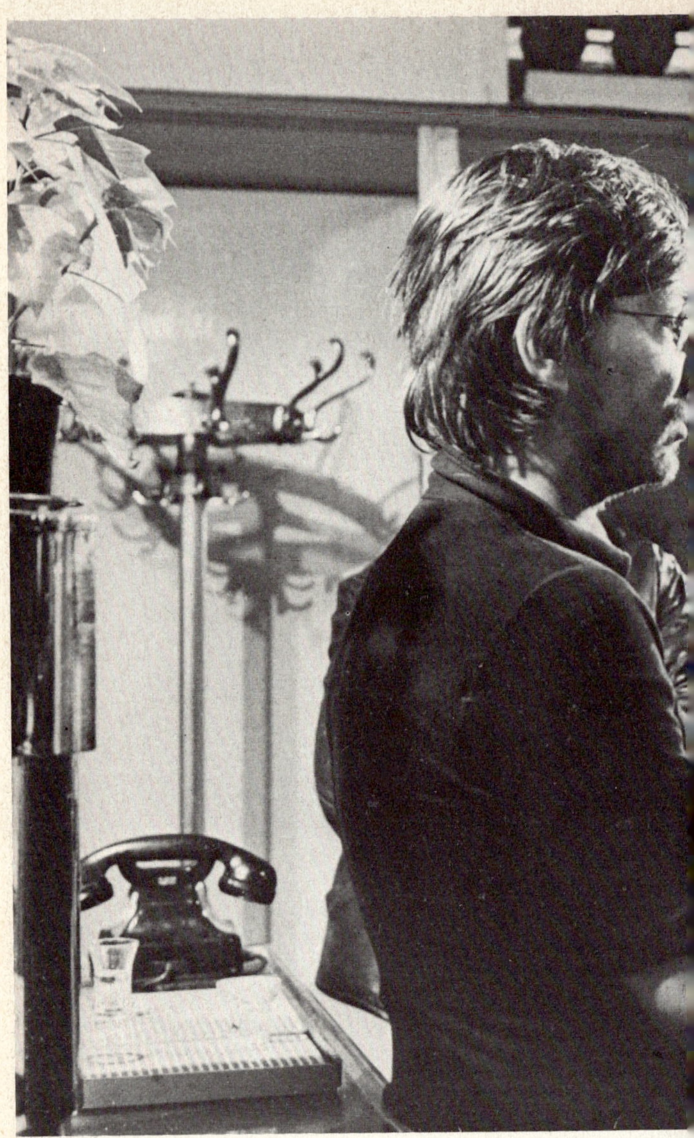

Fassbinder mit Dieter Schidor, bei der Probe einer Szene von ›Ich will doch nur, daß ihr mich liebt‹

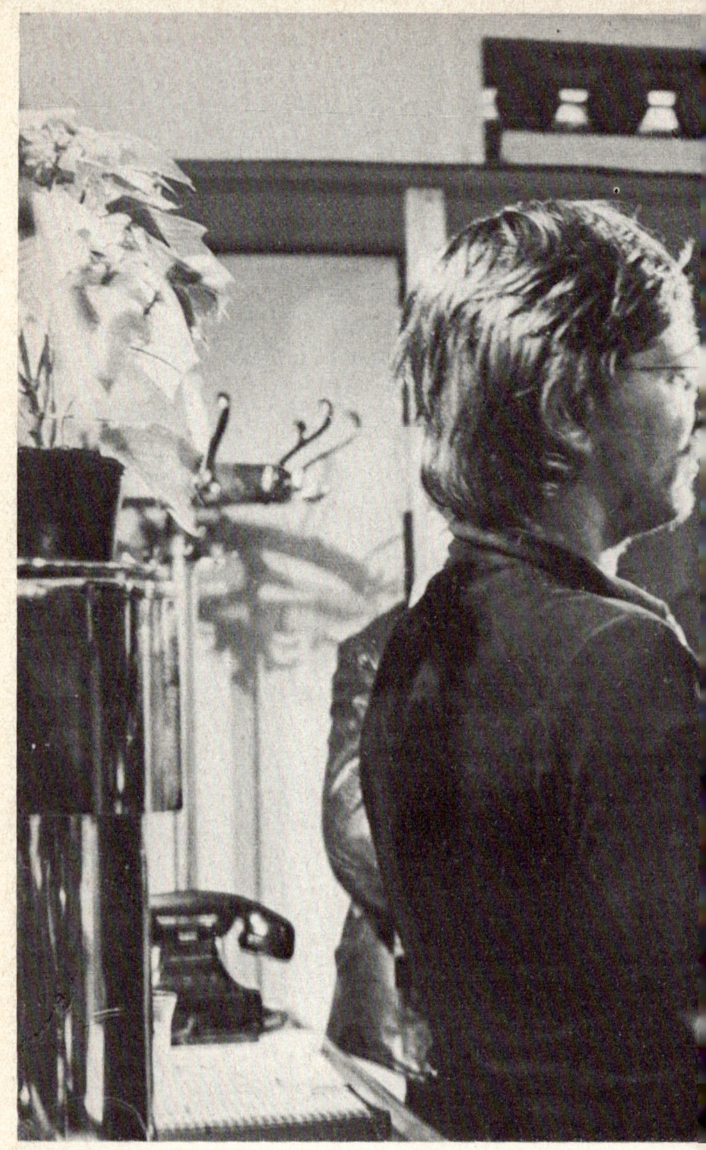

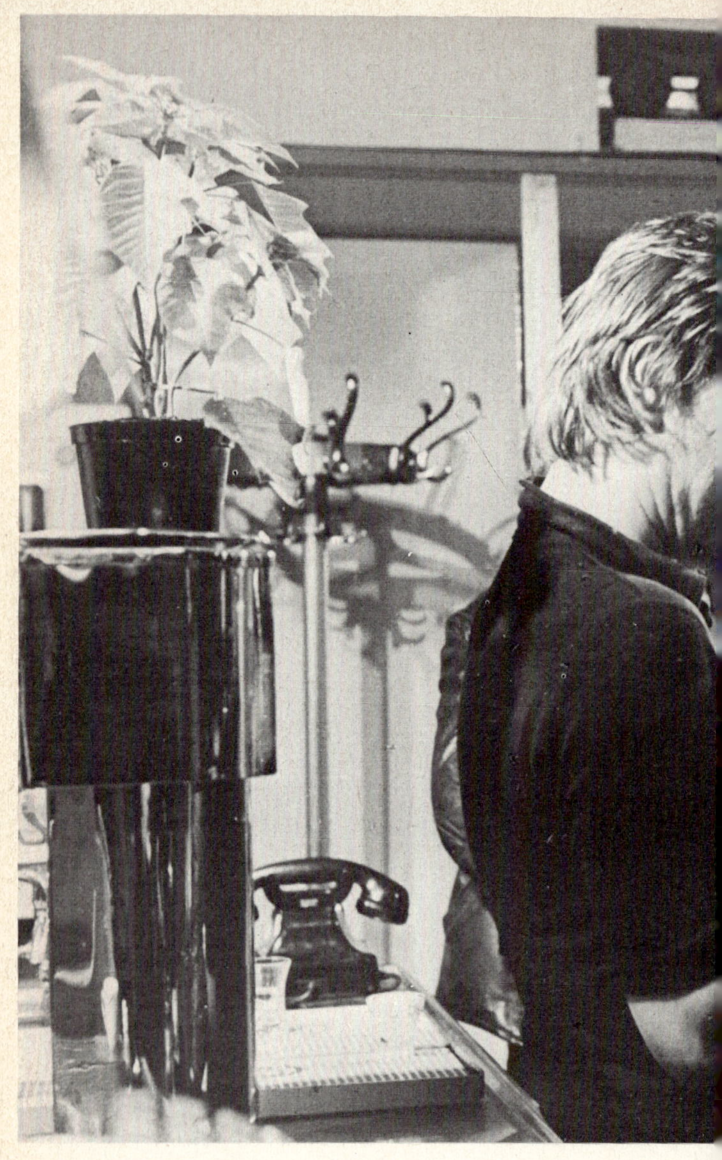

Elke Aberle, Ernie Mangold, Vitus Zeplichal und Alexander Allerson in ›Ich will doch nur, daß ihr mich liebt‹

wirklich mit und interessieren sich für das, was da passiert. – Hier sind jetzt einfach zu viele Leute in der Szene, und da habe ich halt ein bißchen Angst davor.« In der Tat wirkt der Aufmarsch der Statisten, die sich plötzlich alle wie Zombies durch das Motiv bewegen, ein wenig beängstigend, und man versteht, daß Massenszenen in den Filmen Fassbinders nicht aus ökonomischen Gründen eine Seltenheit sind.

Das Bedürfnis nach Vertrautheit mit den Mitarbeitern wird teilweise auch durch Fassbinders Methode, neue Leute in sein Team zu integrieren, bestätigt. Viele der überraschend in größeren Rollen auftauchenden »neuen Gesichter« waren vorher schon in kleineren Rollen zu sehen, wie etwa Ben Salem, Hauptdarsteller in ›Angst essen Seele auf‹ oder Volker Spengler, der eine der Hauptrollen im ›Satansbraten‹ spielt und auch in ›Chinesisches Roulette‹ wieder dabei ist. In mehreren kleinen Rollen, u. a. in ›Ich will doch nur, daß ihr mich liebt‹ und ›Satansbraten‹ war bisher Armin Meier zu sehen, bei ›Chinesisches Roulette‹ war er einfach bei den Dreharbeiten dabei, vermutlich wird ihm Fassbinder eines Tags eine größere Rolle

Elke Aberle, Alexander Allerson und Vitus Zeplichal in ›Ich will doch nur, daß ihr mich liebt‹

schreiben. Praktische Erfahrung im Umgang mit dem Medium hält er durchaus für einen möglichen Weg der Ausbildung eines Schauspielers. Erfahrung und eine dadurch entstehende Selbständigkeit beim Aufspüren seiner Vorstellungen hält Fassbinder für nicht weniger nützlich als eine schulmäßige Ausbildung, die für ihn nicht so entscheidend ist. »Dem einen sind halt seine Mittel bewußter als dem anderen. Natürlich ist es mir lieber, mit erfahrenen Darstellern zu arbeiten, wie mit Margit Carstensen oder auch mit Anna Karina. Denen sage ich, sie sollen von da nach dort schauen, und die machen das dann auf eine Art und Weise, die mich glücklich macht, die sie zwar selbst erfunden haben, aber genau in dem Rahmen, den ich als Regisseur vorgebe.«

Während der Arbeit macht Fassbinder keinen grundsätzlichen Unterschied zwischen alten und neuen Mitarbeitern, auch wenn letztere, wie Anna Karina oder Macha Méril, als die größeren Profis erscheinen. Er hält auch von methodisch erlernter Atem- und Sprechtechnik nicht viel, die Praxis kann für ihn jeden »Laien« zum gleichwertigen Profi machen.

Kurt Raab beispielsweise war an keiner Schauspielschule, hatte aber, bevor er zum ersten Mal vor der Filmkamera stand, bereits mehrere Jahre lang Theater gespielt, bei Irm Hermann war es ähnlich.

»Ich finde, daß die Ausbildung durch die Praxis vielleicht sogar die bessere ist, zumindest die persönlichere. Der Vorteil von solchen Schauspielern wie Kurt und Irm ist, daß sie ihre Persönlichkeit und ihre ganz individuelle Art, Sachen zu spielen, entwickeln konnten und nicht, wie das in Schauspielschulen mitunter so geschieht, auf so ein Level von Normalität getrimmt worden sind. Zudem hatten übrigens die meisten meiner Darsteller ihre Ausbildung, wie die Margit Carstensen oder die Hanna Schygulla. Ich finde aber, um das noch anders zu sagen, nicht sehr viel Unterschied in der Professionalität, die etwa Irm Hermann hat oder wie sie Anna Karina mitbringt, die ja auch nicht für alles, was geplant ist, sofort irgend etwas parat hat. Entscheidend ist eher, daß Schauspieler der Arbeit gegenüber eine professionelle Haltung einnehmen. Übrigens ist die Anna Karina wohl auch keine ausgebildete Schauspielerin.«

Die Leichtigkeit, mit der Fassbinders Darsteller zum großen Teil Ausdruck und Haltungen entwickeln, die seinen Vorstellungen entsprechen, beruht zunächst sicher auf gegenseitiger Kenntnis. Daß seine Mitarbeiter ihn kennen, scheint mir dabei letztlich fast entscheidender zu sein, denn es fällt ihm, vor allem während der Arbeit, doch erstaunlich schwer, sich mitzuteilen. So sehr er zwar einerseits darauf angewiesen ist, als Künstler mit der Neugier neuer Leute in Berührung zu kommen, so braucht er andererseits Unterstützung und Absicherung innerhalb des gesamten Teams und sucht immer wieder, ohne daß dies besonders auffallen würde, Rückhalt bei den »Vertrauten«. Ein Vorteil seiner Arbeitsweise ist es dabei, daß diese ihn nicht nur als Regisseur, sondern auch als Drehbuchautor kennen und vor allem auch über seine privaten Probleme Bescheid wissen. Nur so erklärt sich das scheinbar sprachlose Einverständnis, das zwischen Regie, Darstellern und technischem Stab immer wieder aufkommt.

Hier ist wohl auch die Ursache für das »Scheitern« eines Fassbinder-Films zu sehen, auf den die Kritik einstimmig wie nie (von Theater-Kritiken abgesehen) reagierte: ›Wildwechsel‹. Es ging dabei nicht nur darum, daß Fassbinder als Regisseur dem Stoff eines anderen Autors gegenüberstand, zu dem er nicht die richtige Beziehung fand – denn dies übertrug sich schließlich auf die Arbeit des gesamten Teams. Als Fassbinder damals am Drehort in Straubing ankam, wollte er das Stück von Kroetz nicht mehr verfilmen, er

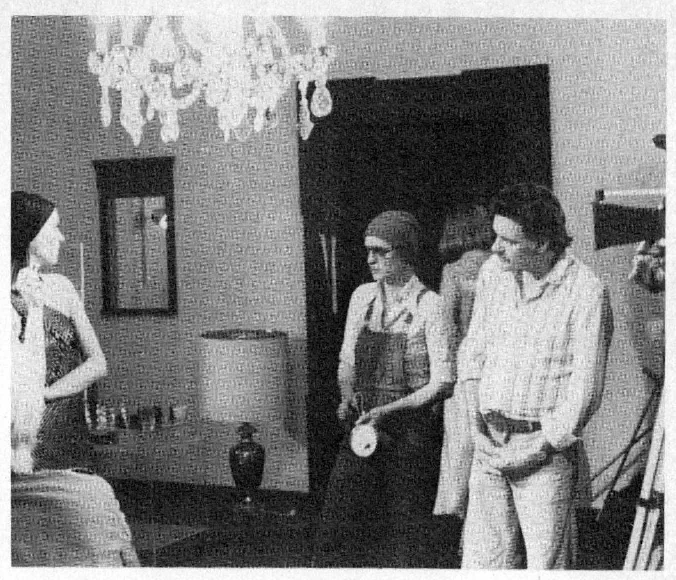

›Chinesisches Roulette‹: Maskenbildnerin Jo Braun und Michael Ballhaus »prüfen« Anna Karina

spürte, daß das nicht seine Geschichte sein konnte. Das Team jedoch war engagiert und wollte einfach das Projekt realisieren. »Aber das geht halt nicht. Man kann sich zusammensetzen und bestimmte Dinge ausdenken, aber das steht dann alles unter dem Druck, daß gedreht werden muß. Das gemeinsame Bilderfinden funktioniert beim Film irgendwie nicht. Wahrscheinlich ist ›Wildwechsel‹ diejenige unter meinen Arbeiten, bei deren Herstellung am meisten darüber diskutiert worden ist, was man machen und wie man die Figuren sehen soll. Nie vorher oder nachher ist bei meinen Dreharbeiten soviel geredet worden.«

Das genaue Kalkulieren einer Darstellung, bis zu kleinsten gestischen und stimmlichen Details, das Fassbinder bei seinen Bühneninszenierungen durchhält, scheint ihn beim Filmemachen kaum zu interessieren, da arbeitet er wesentlich intuitiver, vertraut viel leichter den Angeboten, die ihm seine Darsteller für eine Szene machen.

»Man kann aber, wenn man das Drehbuch verstanden hat und

seinen Ausdruckswillen kennt, im Grunde nur ein einziges Angebot machen, das wirklich stimmt; man versucht dann, genau dieses Angebot zunächst herzustellen, und Fassbinder rückt es dann vielleicht noch irgendwie zurecht. Aber es geht nicht, daß man wie ein Komödiant einfach verschiedene Sachen anbietet.« (Margit Carstensen)

Ein nicht zu unterschätzendes Maß an »Regie« findet bei Fassbinders Filmen außerhalb der unmittelbaren Dreharbeiten statt, im scheinbar privaten Bereich. »Man versteht seine Bücher, wenn man ihn kennt«, erklärt Margit Carstensen, »aber ich habe auch immer von mir aus das Gespräch mit ihm darüber gesucht, denn wer nicht von sich aus zu ihm geht, der erfährt von ihm gar nichts.«

Intensiver, aber eben weniger im Stil traditioneller Schauspielerführung, inszeniert Fassbinder immer dann, wenn er dem jeweiligen Darsteller auch ein gewisses Maß an privatem Interesse entgegenbringt, wenn er genau weiß, »was sie für ihn interessant bringen können.« (Carstensen) Dann braucht er bestimmte Reaktionen nur mehr auszulösen und erhält meistens auch den Ausdruck, den er sich verspricht. Und umgekehrt: das »Feilen« an einem Ausdruck, das umständliche Erarbeiten einer Szene wird für ihn in der Regel immer dann nötig sein, wenn ihm der Darsteller vor der Kamera auch privat nicht vertraut ist.

Wie weit Fassbinder da unter Umständen gehen kann, zeigt eine Vermutung, die durch eine »Krise« mit Margit Carstensen während der Arbeit am ›Satansbraten‹ nahegelegt wird: »Fassbinder meinte, ich hätte die Rolle nicht spielen wollen; Mißtrauen war zwischen uns, und ich wurde immer schüchterner mit meinen schauspielerischen Angeboten; ich war innerlich richtig verklemmt, und das kann er sehr fördern.« – Das legt die provokative Frage nahe, ob das nicht auf gewisse Weise eine höchst clevere Regie-Maßnahme war, mit der Fassbinder seine Darstellerin genau in eine psychische Situation versetzte, die ihrer Rolle radikal entgegenkam. Carstensen: »Ja, das ist ihm durchaus zuzutrauen, er arbeitet auch mit solchen psychologischen Mitteln ...«

›Ich will doch nur, daß ihr mich liebt‹ wurde mit Originalton gedreht, ›Satansbraten‹ und ›Chinesisches Roulette‹ wurden nachträglich synchronisiert. Für Fassbinder gibt es dabei keine grundsätzliche Vorliebe: »Bei ›Satansbraten‹ war's ein Fehler, daß er nicht mit Originalen aufgenommen wurde; bei ›Chinesisches Roulette‹ finde ich es richtig, daß er nachsynchronisiert wird, weil man da beim Drehen viel freier ist.«

Für ›Satansbraten‹ wäre tatsächlich der atmosphärisch viel reichere und lebendigere Originalton als zusätzliche Qualität vorstellbar, doch da hat zunächst einfach das Geld dazu gefehlt. Mit einem sehr geringen Budget hat Fassbinder »erst mal so angefangen, zu drehen«, vermutlich ohne genau zu wissen, wie und mit welchen Mitteln er die Produktion ganz über die Runden bringen würde. So war es zunächst die billigere Möglichkeit, auf ein richtiges Ton-Team zu verzichten und den Film später mit einem (natürlich ebenfalls nicht sonderlich billigen) Synchron-Ton zu versehen.

Hauptdarsteller Kurt Raab freilich war froh, daß er nicht mit Originalton arbeiten mußte. »Ich synchronisiere lieber; beim Direktton muß man immer so eine bestimmte Lautstärke haben. Es gibt aber Szenen, da mußte ich ganz ruhig spielen, und wenn ich die zu laut spreche, dann verzerrt sich – diese Gefahr besteht bei mir ohnehin immer – das Gesicht so leicht. Wenn ich an eine leise Szene denke, wie etwa die im Nymphenburger Park, die auch von der ganzen Stimmung her leise sein mußte, dann kann ich mir kaum vorstellen, daß das mit Originalton auch so gelungen wäre. Wenn man später den Ton synchronisiert, so kann man sich während des Drehens auch besser auf sein Gesicht konzentrieren, während es beim Originalton da so eine doppelte Belastung gibt.«

Nun herrscht gerade bei der Synchronisation im Team Fassbinders heitere Gelöstheit – obwohl das eher eine etwas monotone Arbeit ist, sich praktisch Satz für Satz durch den Film zu beißen, fast fünf Tage lang, immer konzentriert auf lippensynchrones Sprechen achten. ›Satansbraten‹ ist zudem ein Film, in dem der Dialog abläuft wie ein Schlagabtausch, schnell und knapp – über tausend Sprachtakes mußten da besprochen werden.

Wie schwierig, freundlich und konzentriert es dabei zugeht, zeigt ein Beispiel mit Kurt Raab. Er hat einen etwas langen Satz zu sprechen, relativ schnell und vor allem auch in einem Atemzug.

Schon während der Dreharbeiten hatte Raab, wie man beim Hören des Tonmitschnitts der gedrehten Szene (natürlich gibt es auch bei synchronisierten Filmen in der Regel einen originalen Hilfston zur leichteren Orientierung) feststellen konnte, Schwierigkeiten mit der Atemluft gegen Ende des Satzes; beim Synchronisieren entsteht so eine zusätzliche Nervenbelastung.

Drei-, viermal hört sich Raab den Satz auf dem Originalband an, mit Blick zur Leinwand, um auch optisch sich den Rhythmus des Satzes einzuprägen, dann übt er den Satz, der ihm sichtlich nicht ganz geheuer ist. Die anderen im Tonstudio lächeln ein wenig, er läßt sich nicht beirren. Dann wird aufgenommen: »Ja, natürlich ist es ein unbeschreibliches Glück, in einem reichen, kultivierten Elternhaus aufgewachsen zu sein!«

1. Versuch. Bei »zu sein« bleibt Raab die Luft weg; alle lachen, aber freundlich und sich durchaus der Schwierigkeit bewußt.

2. Versuch. Er scheint genau getroffen zu haben, aber die Tonregie ist nicht einverstanden: »das war leider undeutlich!«

3. Versuch. Wieder bleibt Raab bei »zu sein« die Luft weg, wieder Gelächter.

4. Versuch. Die Luft bleibt schon früher aus. Fassbinder: »Kurti, du brauchst am Anfang schon zu viel Luft.« – Raab: »Das sagst du so leicht.« Keiner lacht mehr.

5. Versuch. Die Luft bleibt genau wieder bei »zu sein« weg, die letzten Worte kommen nur mehr atemlos gehaucht. Fassbinder ganz ruhig: »Kurti, du machst auch zu viel Pause dazwischen!«

6. Versuch. Die Luft reicht wieder nicht. Fassbinder bleibt ganz ruhig. Aus der Tonregie: »Kurti, versuch mal vorher ganz tief Luft zu holen!«

7. Versuch. Es klappt. Die Luft reicht, die Betonung stimmt, der Text kommt genau lippensynchron. Auf dem zweiten Projektor ist die nächste Filmschleife zum Synchronisieren angelaufen, Pause gibt es da keine.

Wieviel schlichte Arbeit, wieviel konzentriertes Handwerk Filmemachen bedeutet, das läßt sich vielleicht nirgends besser beobachten als in einem Synchronstudio. Und man erkennt sehr deutlich und schnell das Verhältnis der »Macher« zu ihrem Medium. Man braucht nur im Kino darauf zu achten: wieviele Filme da einfach mit Sprache versehen wurden, ohne daß man auf irgendeine Genauigkeit Rücksicht genommen hätte. Wären unsere Stühle so gefertigt, wir hätten uns alle schon das Rückgrat gebrochen. Dabei war im Synchronstudio zu beobachten, daß Fassbinder ein Team zur Verfügung steht, das keinen »Dompteur« nötig hat. Er konnte auch

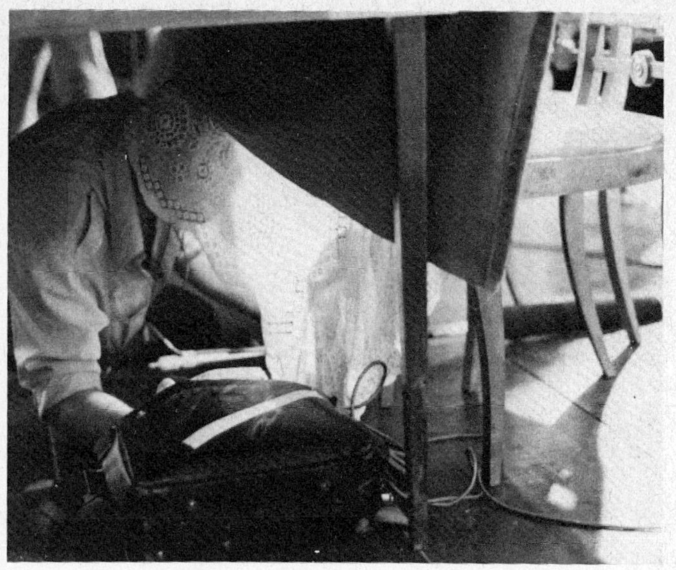

Unter dem Tisch versteckt: der Tonmann

durchaus einmal das Studio kurz zum Telefonieren verlassen, ohne daß sich an der Sorgfalt des gesamten Teams etwas geändert hätte. Auch im Synchronstudio wiederholt sich jene mühelose Selbstverständlichkeit des Entstehens, die Darsteller scheinen wieder wie von selbst genau den Ton und die innere Haltung zu treffen, die Fassbinder haben will; er braucht da keine große Dialogregie – selbst bei Elke Aberle nicht, die den Regisseur zwar aus ›Ich will doch nur, daß ihr mich liebt‹ kennt, aber im ›Satansbraten‹ nicht mitgespielt hat, anschließend jedoch, aus stimmlichen Gründen, die Rolle der I Sa Lo (Lana) synchronisiert. Manche Takes werden gesprochen, ohne daß Fassbinder mit einem einzigen Wort eingreift, man hört nur sein »Ja« im Dunkel des Studios. Richtige Dialogregie-Anweisungen sind selten und klingen, wenn sie kommen, fast, als würde sie der Regisseur mehr zu sich selbst sagen. »Nicht ganz so böse sein, eher auch ein bißchen bedauernd«, merkt er etwa zu einem aggressiv klingenden Text (»Du armes Dummchen«, Helen Vita als Luise Kranz zu Margit Carstensen als Andree) an.

Während er gegenüber den Schauspielern ganz gelöst wirkt und vor allem darauf bedacht zu sein scheint, daß sie von selbst genau den gewünschten Ton finden, reagiert Fassbinder ungeduldig gegenüber allem, was er für eine Störung hält, schimpft über den verspätet eintreffenden Vitus Zeplichal oder legt sich mit der Tontechnik an, weil die am liebsten gleich ohne eine Probe aufnehmen würde oder für sein Gefühl zu früh über Lautsprecher ihr Einverständnis mit einem gerade gesprochenen Satz hereinmeldet. Da kann es dann schon geschehen, daß ein bißchen hin- und hergemeckert wird, aber die überaus disziplinierte Arbeitsweise wird davon nicht beeinträchtigt.

Kaum ein Take wird dabei mehr als zwei- oder dreimal geprobt, natürlich immer mit Blick auf die Leinwand, auf der die entsprechende Stelle des Films projiziert wird; anfangs wird noch der während des Drehens mitgeschnittene Ton eingespielt, damit die Schauspieler leichter den Rhythmus eines Satzes wiedererkennen. Und schließlich wird auch kaum ein Take mehr als zwei- oder dreimal »heiß«, für die Tonaufnahme, gesprochen, bis er wirklich sitzt.

»Ich sag euch eines: dieses Wort kann ich einfach nicht aussprechen«, meint Kurt Raab, als in seinem Text »Moschus« vorkommt; er übt das ein paar Mal, ganz konzentriert, obwohl ein Kollege ein wenig kichert, weil es tatsächlich immer ein wenig nach »Moschusch« klingt, und er spricht es dann genau in dem Moment zum ersten Mal ganz astrein aus, als das Band für den Mitschnitt läuft. Dazwischen wird viel gelacht, auch komplizierte Textstellen sind Anlaß zur Heiterkeit, ebenso wie zahlreiche Stellen im Film selbst, vor allem das Wiedererkennen des eigenen Spiels scheint dem Team Spaß zu machen. Die Konzentration bei der Arbeit an einem Take löst sich dann nach der jeweiligen Aufnahme immer wieder in Gelächter auf. Volker Spengler muß einmal fast eine Minute lang, ohne Bild, pausenloses Geheul ausstoßen; endlos lang wirkt das plötzlich, das Lachen im Studio wirkt anschließend wie eine Erlösung.

Faszinierend ist, wie diese Heiterkeit sofort in ganz konzentrierten Ernst übergeht, ein richtiger Rhythmus entsteht dabei. Die Schauspieler bringen dabei schon ganz konkrete, präzisierte Vorstellungen von ihrem Text mit. Acht Mal hintereinander stöhnt Margit Carstensen den Satz »Myriaden von Gestirnen platzen in meinem Kopf«, ohne daß sich dabei eine Kleinigkeit ändern oder verwischen würde, und sie kippt auch immer exakt an der gleichen Stelle mit der Stimme um.

Fassbinder sitzt dabei bei seinen Schauspielern, nicht in der

Kabine der Tonregie. Von dort aus kommen in der Regel auch nur Anfragen und Anweisungen, die mit der Akustik zu tun haben. Mitunter muß Fassbinder über die Räume und die Positionen der Figuren im Film Auskunft geben, weil das so auf verschiedene Schleifen aufgesplittert wurde, daß die Tonregie die Orientierung verliert. Schließlich werden dann Sprecher vom Mikrofon etwas zurückdirigiert oder umgruppiert, damit die akustischen Anschlüsse stimmen. Die Tonregie kontrolliert dabei ebenfalls, wie der Regisseur und seine Cutterin, ob ein Text synchron zum Bild kam oder nicht. Die Meinungen darüber gehen freilich manchmal auseinander. »Jeder sieht das anders, für Fassbinder ist der Ton immer um einige Sekundenbruchteile später synchron als für mich« (Thea Eymesz). Kaum ein Take enthält, vor allem wegen des nötigen Sprechtempos, mehr als zwei oder drei Sätze. In wieviele Schleifen-Teile der ganze Film zerlegt wird und wie diese dann aufgeteilt sind, darüber entscheidet hier die Cutterin. »Ich kenne ja die meisten von Fassbinders Schauspielern, ich entscheide die Aufteilung nach Länge, Schwierigkeit und Talent des einzelnen ›Sprechers‹. Kurt Raab hatte in ›Satansbraten‹ übrigens wirklich sehr schwierige Texte.« (Thea Eymesz)

Neben der im Grunde rein technischen, recht zeitraubenden Arbeit, die Filmschleifen für die Synchronisation anzufertigen, übernahm Thea Eymesz auch die Vorbereitung für die Mischung: »Ich kümmere mich um alle Geräusche, mache die Geräuschaufnahmen und besorge die Archivgeräusche. Nur die Musik legt Fassbinder zusammen mit mir an, entscheidet, an welche Stellen sie kommt, und dann ist ja alles ziemlich festgelegt. Meistens gibt es nur Geräusch-Vormischung, er kommt dann zur Hauptmischung am zweiten Tag, wenn Sprache und Musik hinzukommen. Nach der Vormischung hat Fassbinder schon noch die Gelegenheit uns zu sagen, daß er da oder dort noch ein Geräusch hinzuhaben möchte, aber dabei kann es sich eigentlich nur um Atmosphäre handeln, und das kann man ja dazuspielen.«

Im Gegensatz zum Schnitt hat die Musik in den meisten Filmen Fassbinders keine nur dienende oder erfüllende Funktion, sondern wird als zusätzliche, neue Komponente im Gesamtwerk verstanden. Von seinem ersten Film, ›Liebe ist kälter als der Tod‹, an hat Fassbinder dabei, mit ganz geringen Ausnahmen, immer den gleichen Komponisten beschäftigt: Peer Raben, der schon in den Zeiten des antiteaters – damals noch als Regisseur und Schauspieler – mit ihm zusammengearbeitet hat. Auch hier besteht also inzwischen eine so intensive gegenseitige Kenntnis, daß totale Dissonanzen zwischen den Vorstellungen des Regisseurs und den Ausführungen eines Mitarbeiters kaum mehr zu erwarten sind. Zudem ist Fassbinder für Raben »einer der wenigen Regisseure, der auch bereit ist, sich auf etwas Neues, Unerwartetes einzustellen.«

Fassbinders Angaben zur Musik, seine Wünsche und Vorstellungen, können aufgrund dieser gegenseitigen Kenntnis sehr einfach und allgemein formuliert werden. So sollte die Themamelodie von ›Ich will doch nur, daß ihr mich liebt‹ »schön sein, ohne schick zu sein.«

Raben hatte den Auftrag, die Musik für diesen Film zu komponieren, schon relativ frühzeitig bekommen; zunächst war allerdings unklar, welche Funktion sie haben sollte. »Ich habe in diesem Fall sehr früh ein Drehbuch gehabt; nach der Besichtigung der ersten Muster habe ich dann vorgeschlagen, daß die Musik überhaupt keinen Zitat-Charakter haben sollte, obwohl es bei dieser Geschichte nahegelegen hätte zu versuchen, die sicher eher durchschnittliche Konsumwelt der Hauptfigur musikalisch wiederzugeben.« Bei diesem Verzicht sind Raben und Fassbinder dann auch geblieben, nur in einer einzigen Szene in einem Lokal, in dem auch eine Music-Box deutlich zu sehen ist, wird dieses Prinzip durchbrochen mit einer »Konserve«, die restliche Musik hat Raben durchwegs neu komponiert.

Konzipiert wurde die Musik bald nach Abschluß der Dreharbeiten, nachdem Raben auch alle Muster gesehen hatte. Ausgangspunkt war die Idee, daß die Musik auf irgendeine Weise den geografischen Ort des Films wiedergeben könnte. Raben: »Das hätte ganz primitiv so ausgehen können, daß da so Anklänge an bayerische Volksmusik entstehen. Es ist dann allerdings zu einer letztlich etwas künstlicheren Ebene gekommen, ich habe mich weniger an die Volksmusik angelehnt als an die Kompositionsweisen der sogenannten Münchner Schule im 16. und 17. Jahrhundert, denn bei der Volksmusik hätte die Gefahr bestanden, daß da was Denunziatorisches in den Film hineingekommen wäre.«

Fassbinder liefert dazu zwar keine Anweisungen, die auf bestimmte musikalische Traditionen verweisen würden, würde also nie von »Münchner Schule« oder Harmonielehren sprechen; er kann jedoch präzise beschreiben, welche Wirkung die Musik haben soll, nicht nur im Zusammenhang mit bestimmten Sequenzen, sondern auch auf den eigentlichen Gehalt eines Films. »Auch an Hand von Beispielen kann er sehr genau zeigen, was ihm vorschwebt.« (Raben)

Für die sogenannte Effektmusik macht Raben dem Regisseur in der Regel mehrere Angebote; dieses vor allem im Hollywoodfilm praktizierte Prinzip, bestimmte Aktionen einfach mit Musik zu unterstreichen, hält Raben für im Grunde zwar nicht ganz für vertretbar, »aber ich sage immer, es ist deshalb erlaubt, vor allem beim Fernsehen, weil nicht alle Zuschauer einen Film ständig mit der nötigen Konzentration verfolgen; wenn die dann durch Musik gezwungen werden, ab und zu etwas aufmerksamer zu sein, so ist das schon vertretbar – aber einen künstlerischen Wert hat das meines Erachtens nicht.«

Vor allem dann, wenn die Musik in einem Stadium komponiert wird, in dem der Schnitt eines Films noch nicht endgültig feststeht, muß ein Komponist für Effektmusiken mehrere Angebote machen, in verschiedenen Längen, damit man sie mit der Montage abstimmen kann. Den umgekehrten Vorgang, nämlich den Schnitt einer Komposition anzupassen, hat Fassbinder erst in seinen letzten Arbeiten zu praktizieren begonnen; zum ersten Mal war es in ›Angst vor der Angst‹, daß einige Teile des Films nach der Musik geschnitten wurden. »Da war die Musik sehr genau, eine rein psychologische Musik. In einer Einstellung etwa beginnt eine Entwicklung bei einem Darsteller, die nächste Einstellung zeigt ihn zwar in einer anderen Situation, aber die begonnene Entwicklung geht weiter. Um nun trotzdem nicht einfach den Schnitt zu verschmieren und klar eine musikalische Weiterentwicklung zeigen zu können, muß man den Schnitt unbedingt nach der Musik, also später, machen.« (Raben)

Die Kompositionen von Peer Raben – der übrigens ebenfalls sein Handwerk erst so richtig durch die praktische Ausübung, durch Suchen und Experimentieren gelernt hat – entstehen weitaus reflektierter und weniger intuitiv als der Schnitt der Filme Fassbinders. Sehr deutlich zeigt das die Musik von ›Satansbraten‹, zu der Fassbinder wohl zum ersten Mal überhaupt keinen Vorschlag machen konnte. Der Zynismus dieses Films und die immer wieder durchscheinende Verzweiflung, ohne die er wohl kaum gemacht worden wäre, gehen so gefährlich weit, daß es eigentlich nicht mehr möglich war, dies musikalisch in irgendeiner Form zu wiederholen. Fassbinder hat seinem Komponisten, ohne auszusprechen warum, diesen Film öfter zu zeigen versucht als die anderen vorher, auch in einzelnen Teilen.

Zunächst war Raben versucht, für ›Satansbraten‹ »ein übersteigertes und völlig zerfetztes Wagner-Konglomerat aus Musik-Ballungen« zu schreiben. »Rein vom kompositorischen Vorgang her hätte mich das ungeheuer gereizt. Dann plötzlich wurde mir klar, daß das ungeheuer gefährlich gewesen wäre, denn das hätte den Film kleiner gemacht, simplifiziert, man hätte in den Vorgängen eine zwar mit literarischem Gehalt gezeigte, aber letztlich parodistische Kritik gesehen, und das wäre eigentlich zu wenig gewesen. Oder anders gesagt: der Film ist doch besser, als er auf den ersten Blick erscheint. Ich habe dann versucht, dies mit der Musik zu unterstützen, und daran gedacht, Mozart zu zitieren. Der Impuls, so einen Film zu machen, ist sicher Verzweiflung – und daß man aus Verzweiflung eine ganz klare und schöne Form einhalten kann, das hat Mozart von allen Komponisten am deutlichsten bewiesen. Nur wäre das nicht so ohne weiteres verständlich gewesen.«

Raben hat sich dann an die Romantiker und ihren Rückgriff auf das deutsche Volkslied angelehnt und eine Musik mit sehr einfachen, durchschaubaren Melodien geschrieben, die mitunter sogar im Gegensatz zu den Bildern zu stehen scheint; auch bei der Instrumentierung herrscht Zurückhaltung: nur Streichquartett, daneben Klavier und Orgel.

»Die Art der Komposition liegt irgendwie zwischen Schubert, Brahms und Schumann. Ich konnte nicht mehr machen, als eine stimmungsmäßige Gegenposition schaffen, beziehungsweise das, was im Film versteckt an Gegenstimmungen enthalten ist, zu verstärken. Den Konflikt selbst musikalisch zu gestalten, das fände ich verkehrt, das wäre auch zu intellektuell – und es wäre eine Musik für sich, ohne das Bild.«

Der entscheidende Impuls für eine Filmmusik kommt für Peer Raben aus den Bildern. »Beim Lesen eines Drehbuchs entsteht natürlich schon eine Richtung, aber der erste Ton klingt an beim ersten Sehen des ersten zusammenhängenden Teils.«

Zunächst entsteht da eine gewisse Klangvorstellung; sie wird,

Vor einer Einstellung in ›Chinesisches Roulette‹: Einrichten der Kamera

wenn in dem Film eine dramaturgisch wichtige Melodie vorkommen soll, sich danach richten müssen, daß diese Melodie einfach zu erkennen ist. Die Schwierigkeit dabei ist die zeitliche Begrenzung, die einer Komposition dann vom Film diktiert wird. Das heißt, daß eine Melodie unter Umständen auf die Sekunde genau entwickelt werden muß. »Nur eine musikalische Entwicklung, die sich nicht genau verfolgen läßt, ist leichter, aber eine richtige musikalische Formulierung ist schwer und auch nur mit einem gewissen Maß an Theorie zu schaffen. Eine Melodie, die erinnerbar sein soll, hat ja eine Entwicklung; ein Motiv, das sich erweitert, einen Höhepunkt, einen Abschluß – und das muß man nun genau in einer vorgegebenen Zeit zu einem vernünftigen Abschluß bringen. Das ist so ähnlich wie in der Malerei, wenn ein Maler ein Bild an Hand der Proportionen seines Formats entwickeln muß.« (Raben)

Theoretische Kenntnisse werden von einem Filmkomponisten heute auch in der Aufnahmetechnik verlangt. Die Musik in ›Ich will doch nur, daß ihr mich liebt‹ etwa wird von einem großen Orchester (von Raben dirigiert) gespielt, doch das Instrumentarium ist so eingesetzt, daß man eigentlich immer einzelne Instrumente hört, nicht einen großen Gesamtklang, die Bilder werden nicht von einer großen Musikeinwirkung erdrückt. »Heutzutage ist ja eine Musik, die von Instrumenten gespielt wird, noch lange nicht das Endprodukt, das man dann zu Gehör bekommt, die Umformung des Klangs durch die Elektro-Akustik spielt eine entscheidende Rolle. Mit den neuen Techniken, mit denen man jedes Instrument praktisch auf einem neuen Kanal aufnehmen und es hinterher mischen und verändern kann, läßt sich ungeheuer viel verändern. Das gehört alles bei einer Filmmusik dazu und erfordert eine gute Zusammenarbeit mit dem Tonmeister.« (Raben)

Auch für ›Chinesisches Roulette‹ hat Fassbinder seinem Komponisten keine Anweisungen hinterlassen – bis auf eine Aufnahme der Gruppe »Kraftwerk«, die er schon während der Dreharbeiten in Stöckach fast pausenlos gespielt hatte (neben dem Violin-Konzert von Brahms und der 5. Sinfonie von Gustav Mahler). Raben soll »dahinterkommen, was diese Aufnahme für die Filmmusik zu ›Chinesisches Roulette‹ bedeuten könnte.« Einfach übernehmen wird sie sich sicher nicht lassen, vor allem dürfte sie nicht zu den Räumen des Films passen. Raben wird auf jeden Fall die Musik ohne weitere Rücksprachen mit Fassbinder schreiben, denn bei dessen Rückkehr aus Amerika, zur Synchronisation, muß auch die Musik fertig sein.

›Ich will doch nur, daß ihr mich liebt‹: Fassbinder, Elke Aberle und Vitus Zeplichal

Um Fassbinders Vorstellungen von der Musik genauer festzustellen, wird Raben zunächst versuchen, die Aufnahme des »Kraftwerk« gekoppelt mit Szenen aus dem Film zu hören. Zum gegenwärtigen Zeitpunkt (Mitte Juni) hat er vom Rohschnitt etwa 20 Minuten gesehen und einige ungeschnittene Muster, die Dreharbeiten konnte er nicht besuchen.

»Ich kann jetzt noch wenig sagen, ich muß erst den fertigen Schnitt sehen. Soweit ich anhand des bisher gesehenen Materials mir Überlegungen machen kann, stelle ich mir folgendes vor: die Genauigkeit – als Gesamteindruck – läßt mich ein bißchen in eine Richtung denken, die etwas sehr Freies in der Musik ausdrückt, unter Umständen ohne festgelegte Metrik und ohne traditionelle Mittel, wie etwa Harmonie.« (Raben)

Für die Ausführung einer kompletten Filmmusik gibt Raben als Mittelwert zwei bis drei Wochen an, hinzu kommt freilich die Zeit, die er braucht, um den Impuls beim ersten Sehen zu verarbeiten. Für einen Spielfilm in Normallänge rechnet er mit insgesamt etwa zwanzig Minuten Musik. Seine Arbeitsweise bezeichnet er als eher theoretisch, er kann sich beim Schreiben der Musik schon den Klang genau vorstellen und benötigt nur in seltenen Zweifelsfällen das Klavier, um etwas in seiner Wirkung auszuprobieren. »Aber man muß ja alles aufschreiben, jeden einzelnen Ton jedes einzelnen Instruments; allein die Zeit, die das Notieren kostet, ist erheblich.«

An welche Stellen des Films dann die Musik plaziert wird, das entscheiden in der Regel Komponist und Regisseur gemeinsam. Beide machen konkrete Vorschläge, die Entscheidungen fallen dann meistens erst bei der Mischung. »Da hat Fassbinder ein ausgezeichnetes Gefühl für Timing; er sagt dann zum Beispiel, daß wir mit einer Musik doch zehn Bilder später einsetzen sollten, das ist also nicht einmal eine halbe Sekunde – und dann stellt sich tatsächlich heraus, daß sie so richtiger kommt.«

Auf die in vielen Filmen Fassbinders verwendete Konserven-Musik hat Raben nur ab und zu Einfluß; hier sind die Vorstellungen des Regisseurs in der Regel schon beim Drehen ganz konkret. So hat er schon 1969 (in ›Götter der Pest‹) einen Rückgriff auf nostalgische Musik gemacht, Hanna Schygulla singt ›Mein blondes Baby‹. Diese Nummer stand von Anfang an fest, die übrige Musik paßte sich ihr stilistisch an. Dabei gab es allerdings Meinungsverschiedenheiten: »Ich hatte vorgeschlagen, nicht einfach die Originalaufnahme mit Marlene Dietrich zu nehmen und die dann lippensynchron zu machen, sondern es neu aufzunehmen; ich schrieb eine Klavierbegleitung, die moderner war, um etwas Abstand herzustellen. Da hat Fassbinder dann tatsächlich die Aufnahme wütend abgebrochen und gesagt, das würde wie Bartók klingen und das könne man nicht machen – so haben wir dann doch die Originalaufnahme genommen.«

Schon während des Drehens, das betont Fassbinder immer wieder, hat er ganz konkrete Vorstellungen davon, wie der fertige Film aussehen soll, und versucht, auch nur genau das zu drehen, was er für den fertigen Film zu brauchen glaubt, und nicht mehr. Das ist nicht so selbstverständlich, wie es klingt, viele andere Regisseure, wie in der Bundesrepublik zum Beispiel Alexander Kluge oder Peter Lilienthal, arbeiten nach einer anderen Methode: da ist das Endprodukt während des Drehens noch längst nicht so konkret als Vorstellung vorhanden. Da werden einzelne Szenen mehrfach aufgenommen, aus verschiedenen Perspektiven, in verschiedenen Einstellungsarten, bis schließlich das gesamte für die Montage zur Verfügung stehende Material ein mehrfaches der Länge des späteren Films beträgt, über dessen Gestaltung praktisch erst am Schneidetisch entschieden wird. Entsprechend länger dauert dabei auch die gesamte Montage.

Diese Methode, die bei den Filmregisseuren der USA praktisch die Regel ist, lehnt Fassbinder für sich ab, er mag und kann vielleicht auch nicht so arbeiten. Der Satz »ich liebe dich«, von einer bestimmten Person in einer bestimmten Situation gesagt, der darf dann für ihn nur in einer ganz bestimmten Einstellung aufgenommen werden. »Deshalb drehe ich also etwa eine halbnahe Einstellung, aber eben nicht auch noch eine Totale und eine Großaufnahme, der Satz darf dann für mich nur so sein und und nicht anders. Für mich haben dann in diesem Moment die Leute eine Beziehung, die ich weder näher noch totaler zeigen kann. Die Möglichkeit, das einfach ›irgendwie‹ zu drehen und es hernach am Schneidetisch zusammensetzen zu lassen, die habe ich einfach nicht.«

Die Bedeutung, die Fassbinder der einzelnen Einstellung beimißt – und damit auch der Kamera – und die disziplinierte Haltung beim Drehen, ermöglichen es ihm, im Schnitt vor allem nur die logische Verbindung der einzelnen Einstellungen zu sehen. Die Montage bringt in seinen Filmen keine neuen, verändernden Inhalte hinzu, sie hat eher eine dienende oder erfüllende als zusätzlich gestaltende Funktion.

Wäre Fassbinders Gebrauch der Kamera willkürlicher oder auch nur weniger fixiert auf seine Vorstellungen vom fertigen Film und würde er von ein und derselben Szene verschiedene, unterschiedliche Einstellungen für die Montage anbieten, so würde sich der

Schwerpunkt im Entstehungsprozeß seiner Filme zeitlich weiter nach hinten verlagern. Fassbinder könnte dann sein Material nicht mehr unbedenklich zum Schnitt aus der Hand geben, sondern müßte sich, wie eben Kluge oder Lilienthal, mit ganz anderem Engagement auch um die Montage kümmern und sich selbst mit an den Schneidetisch setzen. So aber findet der Schnitt im Grunde schon mit der Kamera statt: »So, wie ich jetzt drehe, gibt es dann eigentlich immer nur eine einzige Möglichkeit zu schneiden.«

Man darf dies nicht als Abwertung der Leistung der Cutterin mißverstehen. Für sie besteht nur die Schwierigkeit dann nicht im Auswählen und Kombinieren verschiedener Angebote, sondern im Aufspüren genau jener Stellen am Anfang und am Ende einer Einstellung, an denen der Schnitt stattfinden muß, ohne daß er holprig wird. »Die beste Cutterin, die ich kenne, ist Liesgret Schmitt-Klink, sie hat auch ›Martha‹ geschnitten und ›Ich will doch nur, daß ihr mich liebt‹, und sie sagt auch, daß sie es mit meinen Sachen viel schwerer hat als mit anderen, etwa von Beauvais, bei dem es einfach mehr Material gibt und wo sie immer eine Möglichkeit findet, was zu machen, auszuweichen oder zu überbrücken. Bei meinen Filmen muß sie manchmal wirklich stundenlang den Punkt suchen, an dem der Schnitt genau stimmt, an dem er weich wird und die Bewegung fließt. Den gibt es immer, und das Tolle ist, daß sie den auch immer findet.«

Vor der ersten Schnittvorführung von ›Martha‹, da kannte Fassbinder sie noch nicht, denn er hatte vorher mit einer anderen Cutterin des WDR geschnitten und war etwas mißtrauisch, bis sie fragte, ob sie nicht ein Stück des geschnittenen Films vorführen könnte, den Fassbinder nicht »überwacht« hatte. »Nun habe ich so und so oft erlebt, daß es auf diese Weise danebengeht, man sitzt in der Vorführung und sagt sich, da hat eine Cutterin nichts kapiert. Damals staunten wir nur, das stimmte so auf den Punkt genau, das war wirklich toll. Man hat ja schon während des Drehens ein Gefühl für den Bildrhythmus und weiß, wie das hinterher in der Abfolge aussehen soll, deshalb merkt man auch jeden Haker.« (Ballhaus) Es stimmt eben nicht, wenn manche Leute (auch rivalisierende Cutterinnen) behaupten, Fassbinder würde so auf Schnitt drehen, daß man die einzelnen Einstellungen nur mehr aneinanderzukleben brauche. Denn es besteht ein Unterschied, ob eine Cutterin die richtige Stelle für den Schnitt findet oder nicht, auch wenn das im Einzelfall nur einige Felder (Einzelbilder) auf dem Filmstreifen ausmacht, also Zehntelsekunden. Es bedeutet einfach eine andere Art des Suchens, ob man einen Film aus sehr viel Material zusammenstellen kann oder ob man innerhalb sehr wenigen Materials den richtigen Punkt erspüren muß.

Diese Arbeitsweise erklärt teilweise auch das Tempo, mit dem Fassbinder seine Filme fertigstellt; während andere Regisseure mitunter noch Monate für die Montage benötigen, erfolgt bei seinen Filmen der Schnitt oft nahezu parallel zu den Dreharbeiten. ›Satansbraten‹ ist schon eine Woche nach dem letzten Drehtag synchronisiert worden. Fassbinder selbst sieht in dieser Arbeitsweise indessen eher eine künstlerische als eine pragmatische Notwendigkeit: »Ich drehe jede Einstellung wirklich nur aus einer Perspektive, weil es für meine Phantasie und auch für meine moralische Auffassung nur aus einer ganz bestimmten Perspektive kommen kann. Das ist etwas, was ich eigentlich beim Filmemachen ablehne und falsch finde: daß viele Regisseure eine Szene in verschiedenen Einstellungsarten drehen und hernach am Schneidetisch ausprobieren, was am besten wirkt.«

Seine ersten Filme hat Fassbinder selbst geschnitten, unter dem Pseudonym »Franz Walsch«; wenn er mehr Geduld und Zeit hätte, würde er das wohl auch jetzt noch tun wollen. In der Praxis jedoch betritt er nur mehr selten den Schneideraum. »Der Rainer ist nie mehr beim Schnitt dabei, ich habe im Grunde also viele Freiheiten und kann allein arbeiten. Andere Regisseure sitzen den ganzen Tag dabei, und das finde ich schrecklich. Aber wenn man so viel zusammenarbeitet wie wir, dann weiß man im Grunde, was der eine haben will und was der andere tut; dabei ist mir manchmal, vor allem bei den letzten Filmen, fast zu diskussionslos alles akzeptiert worden, was ich gemacht habe.« (Thea Eymesz, Cutterin der meisten Filme Fassbinders, so auch von ›Satansbraten‹).

In der Regel hält sich Fassbinder beim Drehen so konsequent an sein Drehbuch, daß da keine großen Veränderungen mehr entstehen. Nur so ist es dann auch ohne große Komplikationen möglich, notfalls »allein nach seinem Buch zu schneiden« (Eymesz), selbst wenn da die Einstellungen noch gar nicht durchnumeriert sind. »Ich habe das tatsächlich schon gemacht, ganz nach dem Drehbuch, chronologisch geschnitten, oder genauer, nach den Einstellungsnummern auf den Filmmustern, die ich für den Schnitt bekomme.« Besonders in den Filmen Fassbinders, die Thea Eymesz geschnitten hat, läßt sich eine spezifische Eigenart feststellen: Jeder Schnitt kommt fast ein bißchen später als man erwartet, die Einstellungen dauern um ein paar Zehntelsekunden länger, ein retardierendes Moment verleiht den Bildern noch gewissen Nachdruck. »Wir haben über diese Schnittverzögerung nie gesprochen, für mich

›Chinesisches Roulette‹: Fassbinder mit Ila von Hasperg, die das Script und den Schnitt besorgte

haben das seine Bilder einfach verlangt. Mir war das schon richtig in Fleisch und Blut übergegangen, bei ›Satansbraten‹ mußte ich deshalb richtig umdenken.« (Eymesz)

Fassbinders Erzählhaltung in ›Satansbraten‹, seine forsche, gefährlich zynische und doch auch verzweifelte Tonart, hat sich auch auf den Schnitt ausgewirkt. Ein atemberaubendes Tempo wird da vorgelegt, die Bilder sind zwar einfacher, aber sie überlappen gewissermaßen, sind stärker als sonst ineinander verzahnt. Kein Film Fassbinders ist wohl ähnlich schnell geschnitten, alles geht Schlag auf Schlag, aber auch diese Entscheidung ist praktisch schon mit dem Buch getroffen worden, in dem sich dieses Erzähltempo schon artikuliert, und wurde mit der Kamera offensichtlich nochmals forciert – zumindest in den Teilen, die Michael Ballhaus gemacht hat. Die früher, schon im Spätherbst vergangenen Jahres entstandenen Sequenzen (Jürgen Jürges führte die Kamera) sind vergleichsweise ruhiger; wer die Szenen im Nymphenburger Schloßpark oder den Besuch von Kranz bei seinen Eltern und auch seinen Gang mit der gerade angekommenen Verehrerin Andree daraufhin prüft, wird den Unterschied sehen können. Gerade diese Beispiele zeigen, wie sehr in Fassbinders Filmen die Bilder schon den Schnitt bestimmen. Thea Eymesz: »Ich finde das schon ganz reizvoll jetzt, daß da praktisch zwei verschiedene Rhythmen in dem Film sind. Aber hinterher, als ich den zweiten, viel größeren Teil des Films schnitt, kam mir doch der erste viel zu langsam vor.«

Natürlich werden die einzelnen Einstellungen auch bei Fassbinder mehrmals aufgenommen, aber eben nicht, um verschiedene Kamerapositionen auszuprobieren; wiederholt wird nur, bis eine den Vorstellungen des Regisseurs entsprechende Aufnahme gelungen ist, und diese sind eben so klar und bewußt, daß er, im Gegensatz zu den meisten seiner Kollegen, von mehreren brauchbaren gleichen Einstellungen oftmals nur eine einzige kopieren läßt und seine Auswahl nicht erst am Schneidetisch trifft. Es würde ihm auch mit Sicherheit auffallen, wenn von zwei nahezu gleichwertigen Fassungen einer Einstellung die »falsche« kopiert oder in die Schnittkopie eingefügt werden würde. »Er hat ein wahnsinnig gutes Gedächtnis, er weiß ganz genau, was er einmal an Mustern gesehen hat und behält auch jede Kleinigkeit im Kopf.« Das ist auch der Grund, warum es für Thea Eymesz noch nie nennenswerte Probleme beim Schnitt gegeben hat; Anschlußfehler zwischen aufeinanderfolgenden Einstellungen sind bei Fassbinder ausgesprochen selten, »aber natürlich ist es schon mal vorgekommen, daß wir dann irgend etwas ganz weglassen mußten.« (Eymesz)

Eine kleine »Panne« geschah während der Dreharbeiten von ›Satansbraten‹, als Kurt Raab nach einigen ziemlich nahen Einstellungen irgendein falsches Requisit an sich entdeckte (eine Uhr, soweit ich mich erinnere). Fassbinder blieb sehr ruhig und erklärte nach einem kurzen Moment des Überlegens, er wisse ganz genau, wie die Bildausschnitte waren, man könne das dann gar nicht sehen.

Während des Schnitts von ›Chinesisches Roulette‹ ist Fassbinder in Amerika, hat also keinerlei Möglichkeit, darauf noch praktischen Einfluß zu nehmen. »Ich kann jetzt schon das tun, was ich möchte«, sagt Ila von Hasperg, die den Film schneidet. Konkrete konzeptionelle Anweisungen gibt es nicht; nur am Drehort Stöckach, wo ein Schneidetisch zur Verfügung stand und die Muster (die ersten überprüfbaren Ergebnisse, das an einem Drehtag belichtete Material geht anschließend sofort ins Kopierwerk und kommt nach wenigen Tagen in entsprechenden Portionen zurück) mit immer wieder verblüffender Begeisterung besichtigt wurden, hat Fassbinder mit seiner Cutterin ein bißchen über den Schnitt gesprochen. Innerhalb der ersten fünfzehn Minuten, die im Rohschnitt (der ersten Schnitt-Phase) schon fertiggestellt wurden, hat der Regisseur nur zwei kleine Änderungen haben wollen.

Es ist nicht ganz genau auszumachen, wie sehr sich Fassbinder hier darauf verläßt, daß das Material im Grunde nur eine bestimmte Form des Schnitts zuläßt, oder ob ihm diese Produktions-Phase seines Films nicht doch auch ein bißchen gleichgültig sein könnte.

Selbstverständlich werden viele Schnitte einfach von der Logik des Gezeigten bestimmt. Ein Beispiel aus ›Chinesisches Roulette‹: Ein Schuß ist gefallen, dann zeigt die Kamera erschrockene Gesichter, groß und relativ schnell, und in der folgenden Einstellung sieht man Brigitte Mira in die Richtung der im Bildhintergrund am Boden liegenden Macha Méril stürzen. Die Einstellung begann mit der noch erschrocken stehenden Mira; würde man diesen Moment des erstarrten Erschrockenseins noch zeigen, nachdem bereits die anderen Gesichter zu sehen waren, so müßten sich diese Momente für den Zuschauer unweigerlich addieren, und die Reaktion der Mira käme zu spät, man hätte den Eindruck, als hätte sie mit ihrer Bewegung noch auf ein Startzeichen gewartet. Also erfolgt der Schnitt nun genau in ihre Bewegung hinein, der für alle Umstehenden zeitgleiche Augenblick der Erstarrung wird bei ihr nicht mehr gezeigt. So ist die Schnittfolge logisch.

Grundsätzliche Konzeptionen für den Schnitt lassen sich bei Fassbinders Filmen wohl kaum entwickeln. Bei ›Satansbraten‹ bestimmte vor allem der Wille zum Tempo die gestalterische Arbeit

Fassbinder und Michael Ballhaus beim Einrichten der Kamera

am Schneidetisch, in ›Chinesisches Roulette‹ geht es darum, die weichen, eleganten Bewegungen der Kamera fortzusetzen, die Bewegungen sollen an den Nahtstellen der Schnitte nicht beeinträchtigt werden.

Letztlich entscheiden hier nur mehr ein schwer verbalisierbares Maß an Intuition und das vorgegebene Material darüber, ob innerhalb der miteinander verbundenen Einstellungen die Bewegungen »fließen« oder »springen«. Thea Eymesz: »Ich schneide halt zunächst mal so, daß ich's selber schön finde, und da hat's der Rainer dann meistens auch schön gefunden.«

Fassbinder und sein Team

»Am allerliebsten ist es mir schon, wenn sich ein Team aus Leuten zusammensetzt, die ich alle kenne und die sich alle kennen, die auch über ihre Schwierigkeiten und Fehler Bescheid wissen. Und dann, wenn sich ein Team so zusammensetzt, zwei oder drei neue Leute hinzu, das finde ich ganz toll. Aber ich habe mittlerweile auch keine Angst mehr gegenüber Schauspielern, ich sorge mich nur, wenn sie neu sind, ob es mir gelingt, mit ihnen das auch herzustellen, was ich will, und ob ich eine Sprache finde, die sie verstehen, die ihnen die Möglichkeit gibt, einzusteigen.« (Fassbinder)

Bei einem Regisseur, der seine Identität in einem so gefährlich hohen Maß in der Arbeit findet wie Fassbinder (dies erklärt sicher auch seine fast beängstigende Produktivität), lassen sich Privates und Berufliches kaum mehr auseinanderhalten. Auch für seine privaten Beziehungen scheint die Arbeit eine zusätzliche Komponente zu bedeuten, konsequent versucht er, beides zu verknüpfen, vielleicht auch, wie mir einer seiner Freunde sagte, aus der Angst heraus, im privaten Umgang mit Freunden zu versagen.

Ganz offensichtlich hat Fassbinder inzwischen einen sehr sicheren Instinkt für die Cooperationsbereitschaft seiner Mitarbeiter entwickelt – auch gegenüber neuen Leuten. Die beiden »Weltstars« Anna Karina und Macha Méril, in ›Chinesisches Roulette‹ zum ersten Mal mit Fassbinder arbeitend, wirkten schon nach wenigen Drehtagen wenigstens nach außen wie langvertraute Mitarbeiter und sind offensichtlich in keinem Moment auf eine Front der etablierten Gruppe gestoßen. Auch von Karlheinz Böhm (in ›Martha‹ und ›Mutter Küsters Fahrt zum Himmel‹) wird erzählt, er habe sehr schnell die Gepflogenheiten der Gruppe übernommen. Fassbinder braucht das offensichtlich, entwickelt einen fast patriarchalischen Anspruch, wenn es darum geht, mit seinen Mitarbeitern auch nach Drehschluß noch an einem Tisch zu sitzen. Bezeichnend ist, daß er gerade die sechs Wochen in Stöckach, als das gesamte Team wirklich in einem Haus ohne eigentliche Ausweichmöglichkeiten zusammen wohnte, etwas euphorisch zur schönsten Zeit seines Lebens zählt. Nicht minder typisch ist, daß Anna Karina in erster Linie aufgrund privater Beziehungen zu einem langjährigen Mitarbeiter Fassbinders für die Hauptrolle gewonnen werden konnte, die dann ihrerseits den Kontakt zu Macha Méril herstellen half. Für diese Rolle war zunächst auch noch eine andere prominente Schauspielerin im

Fassbinder, Lilo Pempeit, Michael Fengler und Anna Karina in Stöckach

Gespräch, Madeleine Jaubert, aber man hatte gefürchtet, daß sie beim Anblick ihres Zimmers in Stöckach sofort wieder abgereist wäre, »denn die hätte sicher auf einem Hotel erster Klasse bestanden.«

Waren in den ersten Filmen Fassbinders die Darsteller durchwegs mehr oder minder gleichaltrig, so ging das auf Arbeitsweisen des antiteater zurück: ältere Figuren wurden nicht mit »Gästen« besetzt, sondern umgedacht und umgeschrieben. Fassbinder wollte einfach nur mit Darstellern seines Alters arbeiten, auch für seine Filme haben ihn zunächst keine anderen interessiert. Als sich dann mit den Themen auch sein Team veränderte und neue Mitarbeiter einen Teil der alten ablösten, war nicht mehr auszumachen, wieweit dafür künstlerische oder persönliche Motive ausschlaggebend waren.

»Wenn so eine Veränderung so langsam vor sich geht wie bei uns, dann finde ich sie schon sehr positiv; wenn man also mit Menschen so lange miteinander arbeitet, als einem was zueinander und gegenseitig einfällt – und dann aber auch die Kraft hat, aufzuhören, wenn einem nichts mehr einfällt, das finde ich ganz in Ordnung.« (Fassbinder) Ein so ambivalenter Satz wie dieser wird Fassbinder häufig zur Last gelegt, im Zusammenhang mit den Veränderungen in seinem Team sind nicht selten Begriffe wie »Ausbeutung« und »Fallenlassen« angeführt worden. Tatsächlich ist es zunächst einmal er allein, der den Moment feststellt, in dem »einem zueinander und gegenseitig nichts mehr einfällt«. Nicht übersehen sollte man dabei freilich, daß er seine Projekte auf dieser Basis entwickelt, daß bei ihm, im Gegensatz zu vielen seiner Kollegen, nicht zuerst die Geschichten da sind, die er dann zum Zweck der Realisierung mit Schauspielern versieht – seine Projekte brauchen in der Regel schon für ihre Entstehung den Impuls durch die Persönlichkeit eines Darstellers.

Die Äußerungen seiner gegenwärtigen Mitarbeiter zu diesem Problem sind höchst widersprüchlich. Margit Carstensen ist davon überzeugt, daß er sich »mit dem Menschen, den er sich für die Arbeit aussucht, auch privat sehr beschäftigt«. Dagegen sagt Macha Méril: »Ich glaube, daß er sehr wenig von mir weiß.« Und Kurt Raab antwortet auf die Frage nach der wichtigsten Erfahrung mit dem Regisseur Fassbinder, mit dem er länger als jeder andere zusammengearbeitet hat: »Es ist die Erfahrung, eine Freundschaft gemacht zu haben!« Fassbinders langjährige Cutterin Thea Eymesz berichtet: »Eigenartigerweise hat es zwischen uns noch nie harte Auseinandersetzungen gegeben, instinktiv sind wir dem beide aus dem Weg gegangen. Privat kennen wir uns überhaupt nicht. Und als er einmal jemand anbrüllte und ich ihm sagte, wenn er mich so anschreien würde, dann würde ich sofort nach Hause gehen, da meinte er, er wüßte schon, wen er anschreien muß.« – Vielleicht auch: wen er anschreien kann.

So hat es auch in Stöckach (obwohl die in dem Schloß wohnende Truppe auf den ersten Blick wirkte wie eine Großfamilie in einem Landschulheim) eine streng gegliederte Hackliste gegeben. Einerseits konnte man freundschaftliches Zusammenleben beobachten, den Kameramann Ballhaus am Herd vor einem überdimensionalen Kochtopf das Abendessen für die ganze Gruppe vorbereiten sehen, und Fassbinder scheint es auch zu verstehen, jedem seiner Mitarbeiter eine sichere, nicht antastbare Position zukommen zu lassen; andererseits läßt sich bei näherem Zusehen doch erkennen, daß diese Positionen sehr unterschiedlich gestaffelt sind, bis hin zum Rang des Sündenbocks – und das setzt sich in der Arbeit nahtlos fort. Mit gänzlich unbewußter Ironie, naiv fast, erzählt einer seiner Mitarbeiter von der Möglichkeit künstlerischen Einflußnehmens: »Rainer akzeptiert durchaus auch die Meinung von anderen Leuten – wenn es seine Richtung ist.« Ähnlich urteilt auch Kurt Raab; er würde, wenn ihm eine Szene falsch erscheinen würde, schon versuchen, sie dem Regisseur auszureden. »Aber wahrscheinlich würde es mir nicht gelingen, sondern Fassbinder würde mich überzeugen, daß die Szene richtig sei. Meistens hat er da doch die größere Überredungskunst – aber es ist nicht so, daß nicht schon mal eine Szene geändert worden wäre. Ich kann mir mitunter auch den Text zurechtformulieren.«

Bei allen Veränderungen, denen seine Gruppe in den letzten Jahren unterworfen war, hat es Fassbinder doch verstanden, sich einen gewissen Bestand an vertrauten Mitarbeitern zu erhalten, die ihm während der Arbeit auch ganz offensichtlich ein für ihn wichtiges Gefühl der Geborgenheit vermitteln. Nicht ganz ohne Probleme verlief deswegen für ihn die Bavaria-Produktion ›Ich will doch nur, daß ihr mich liebt‹. Der ursprünglich für die Hauptrolle vorgesehene Darsteller, der mit Fassbinder befreundete Armin Meier, konnte nicht eingesetzt werden – wobei nicht ganz zu klären ist, ob es wegen der Folgen eines Autounfalls oder durch den Widerstand der Produktions-Seite kam. Auch die weibliche Hauptdarstellerin arbeitete zum ersten Mal mit Fassbinder, und im technischen Stab befanden sich einige ihm unbekannte Leute. »Das ist schon ein ziemlicher Unterschied, wenn ein Teil der Mitarbeiter neue Menschen sind. Das hat mit dem Spaß zu tun, an den Drehort zu gehen – den ich größer finde, wenn ich die Leute, mit denen ich zu tun habe, gut und länger kenne. Vielleicht habe ich auch ein bißchen Angst. Das heißt, Angst habe ich eigentlich mittlerweile keine mehr, aber die hatte ich früher reichlich. Mit einem anderen Oberbeleuchter muß man dann, wenn er neu ist, einfach auch eine neue Arbeitsmöglichkeit finden, und da habe ich schon manchmal Angst davor, daß das nicht funktionieren könnte.«

Privates und berufliches Engagement ist auch bei Fassbinders Mitarbeitern nur selten auseinanderzuhalten. Schauspieler, die einfach ganz locker und souverän in eine Arbeit »einsteigen« und sich ebenso leicht wieder zurückziehen können, sind eher Ausnahmen in seinem Team und könnten wohl auf die Dauer den totalen Einsatz, den der Regisseur von ihnen verlangt, der bis an die Grenzen der psychischen Belastbarkeit geht, nicht durchhalten. Aber Fassbinder versteht es auf eine irritierend mühelose Weise, Menschen so weit zu bringen, daß sie ihre ganze Persönlichkeit in die Arbeit einbringen und in ihr weitaus mehr sehen als die Ausübung eines Berufs. Die psychischen Abhängigkeiten, die dabei entstehen können, manifestieren sich auf höchst unterschiedliche Weise, aber sie kennzeichnen dennoch das seelische Klima im Team. Eine Mitarbeiterin nennt ihn »extrem machthungrig, aber auch schutzbedürftig und emotional unbeholfen, er macht auch Leute fertig, um was aus ihnen rauszuholen, und kommt mit ihnen zu Ende, wenn er nichts mehr raussaugen kann«. Daß er bewußt Leute verletzt, hat Fassbinder bei jenem Wahrheitsspiel, dem ›Chinesischen Roulette‹, das mitunter nach Drehschluß in Stöckach vom gesamten Team fortgesetzt wurde, offen bekannt. »Man entwickelt da plötzlich eine fast perverse Lust, die Wahrheit zu sagen.« (Fassbinder)

Ulli Lommel über Fassbinder: »Für mich ist er der grenzenloseste Mensch, den ich kenne.« Irritierend an solchen übertrieben klingenden Prädikaten ist die verblüffend weit reichende Übereinstimmung innerhalb der Leute, die mit Fassbinder arbeiten – vor allem eben bei jenen, die durch die Art ihrer Mitwirkung dafür prädestiniert sind, ihre eigene Persönlichkeit in die Zusammenarbeit zu investieren, also vor allem bei den Schauspielern, auf die Fassbinder eine rational auch kaum mehr faßbare Faszination ausübt.

Wenn also selbst eine so clevere und überaus selbständige Darstellerin wie Macha Méril meint, mit der Regie Fassbinders sei es wie mit der Liebe, man könne sich auch ohne Worte verstehen, wenn auch Anna Karina immer wieder die Möglichkeit der »Kommunikation ohne Worte« mit dem Regisseur betont, während man mit anderen Menschen sehr viel reden und sie doch nicht verstehen könne, wenn sie weiß, daß Fassbinder mit einem Schauspieler »macht was er will, aber in einer Weise, daß der Schauspieler glaubt, er selbst würde alles machen« – und wenn sich solche Statements, die bei einem Außenstehenden zunächst doch nur skeptisches Kopfschütteln hervorrufen können, regelmäßig in den Auskünften über Fassbinder mit den verschiedensten Formulierungen wiederholen, dann beginnt man auch, eine zunächst höchst irrational wirkende Erklärung Ulli Lommels (der schon seit 1969, seit Fassbinders Debutfilm ›Liebe ist kälter als der Tod‹ zur »stock company« zählt) ernster nehmen zu wollen:

»Ich glaube, daß bei Fassbinder ein enormer Schub vorhanden ist, der gar nicht unbedingt aus seinem Bewußtsein kommt; da ist so eine Verbindung zwischen dem Unterbewußtsein der verschiedenen Leute, die ist immer unheimlich stark, da funktioniert immer unheimlich viel. Das ist vielleicht schon eine Art Magie, irgendwie, die da wirksam wird, und die kommt auch so ernsthaft und sehr oft auch ein bißchen autoritär, fast wie von so einem Gottvater, an; die

›Satansbraten‹: Fassbinder, Kurt Raab und Margit Carstensen

Leute merken auch sofort, daß hier nicht gespaßt wird. Ich persönlich bin dann schon irritiert, wenn eine richtige Regieanweisung kommt, weil ich dabei denke, er wüßte nun vielleicht selber nicht genau Bescheid und müßte sich über etwas klar werden, indem er es verbalisiert. Sonst hingegen, wenn alles klar ist, ist so ein Strom vorhanden, der so eine Verbindung herstellt, und der ist unheimlich stark...«

Sogar Macha Méril, die Fassbinder sonst sehr nüchtern und distanziert einschätzt, ist in ihrem Urteil nicht frei von solchen Dämonisierungen: »Eine Szene machten wir, die ist für mich eigentlich ein Leitmotiv. In ›Chinesisches Roulette‹ wirft mich Gabriel (Volker Spengler) einmal zu Boden, versucht, mich zu vergewaltigen – und beißt mich. Fassbinder beißt oft, er hat den Mut dazu. Und er hat die Stärke eines Menschen, der zu einer Minderheit gehört, und dieses Gefühl, einer Minderheit anzugehören, ist ein Glück für ihn. Er ist genau mein Gegenteil, denn ich bin jemand, der leben will. Aber er traut sich, er selbst zu sein und hat den Mut zu einer gewissen Freiheit, deshalb kann er sich auch ausdrücken und sagen, was er ist.«

Ulli Lommel, der auch von einem »gemeinsamen Magnetfeld« erzählt, »in das man zusammen hineingeht und in dem sich unter Umständen etwas abspielen kann, das viel schöner als das Leben« sei, hat während der Arbeit an ›Chinesisches Roulette‹ sogar ausführlich Gelegenheit gehabt, dieses Phänomen nüchtern zu beobachten: für jenen Film, den er als Regisseur parallel zu dem Fassbinders drehte, stand ihm das gleiche Team zur Verfügung. »Ich habe gemerkt, wie unterschiedlich das Team reagiert hat, als ich dann meinen Film machte; da herrschte dann so eine gewisse Laxheit, alles war recht amüsant, – dieses Gefühl, blind einem Führer zu folgen, dieses somnambule Verrichten gewisser handwerklicher Dinge durch die Techniker, das war bei der Arbeit an meinem Film einfach nicht mehr da. Aber wenn ich dem Rainer bei seiner Arbeit zusehe, dann ist da plötzlich so etwas Magisches vorhanden. Einstellungen, die gar nicht toll sein müßten, bekommen plötzlich Spannung und Atmosphäre, keiner weiß zwar so recht, woher das kommt, klar ist nur, daß es durch ihn initiiert wird. Klar ist übrigens auch, daß manche damit nichts anfangen können bei der Arbeit, und da muß er sich halt etwas anderes ausdenken, damit er zu einem Ergebnis kommt.«

Fassbinder arbeitet als Filmemacher viel zu bewußt und kalkuliert, er tritt mit viel zu präzisen Vorstellungen von ihren späteren Wirkungen an eine Szene heran, als daß man ihm mit einer

Stilisierung zum Hexer mit der Kamera näherkommen könnte. Das Unbegreiflichste ist für mich immer noch seine maßlose Energie – aber während der Recherchen zu diesem Buch ist mir auch die kaum weniger maßlose Ambivalenz seiner Persönlichkeit deutlich geworden. An all den Klischee-Vorstellungen über Fassbinder scheint zumindest ein Quentchen Wahrheit zu haften, wenn auch jede für sich genommen nur unzutreffend und verleumderisch ist. Er hat ebensoviel vom hemdsärmeligen bayerischen Kraftburschen wie vom verletzbaren, liebebedürftigen Wunderkind; er teilt Schläge aus, als wolle er beobachten, wie verwundbar die anderen Menschen sind und ob sie ihn ernst genug nehmen, um von ihm überhaupt verletzt werden zu können. Er weiß in Stöckach auf Anfrage einer Küchenhilfe, ob eine seiner Schauspielerinnen Milch und Zucker in den Kaffee haben will, und bringt es nicht fertig, einem Mitarbeiter eine Absage persönlich zu sagen: Kameramann Jürgen Jürges hat vom Produzenten Michael Fengler erfahren, daß Michael Ballhaus den zweiten Teil des ›Satansbraten‹ drehen wird; auf ähnlichen Umwegen wurden Thea Eymesz und Kurt Raab von den Entscheidungen Fassbinders in Kenntnis gesetzt. Margit Carstensen fühlte sich von ihm so verunsichert, daß sie, nach eigenen Worten, in ›Satansbraten‹ nicht mehr wußte, was sie machen sollte, und Kurt Raab erzählt immer wieder von der Sicherheit, die ihm Fassbinder geben würde, und von den Hemmungen als Schauspieler, die er durch ihn verloren habe. Raabs Einstellung zu Fassbinder und zur gemeinsamen Tätigkeit ist in gewisser Weise typisch für das ganze Team. Während der Arbeit am ›Satansbraten‹ fühlte er sich offensichtlich unglücklich über ein freies Wochenende, er empfand es als »tröstlich«, daß man nach Abschluß der Dreharbeiten noch einige Tage bei der Synchronisation zusammen war, und bekam »Depressionen«, als auch das vorbei war.

Welchen Sog Fassbinder auf Menschen ausüben kann, zeigt eine Begebenheit während der Arbeit an ›Satansbraten‹, die ihn sichtlich selbst erschütterte: da wollte ihm jemand unbedingt eine Szene vorspielen, für eine Art »Probeaufnahme« – und Fassbinder konnte plötzlich selbst nicht mehr ausschließen, daß er, falls er darauf eingegangen wäre, nicht dokumentarisch einen Selbstmordversuch festgehalten hätte.

Ob man Fassbinders Umgang mit seinen Mitarbeitern als »ausbeuterisch« bezeichnet oder nicht: er vermittelt ihnen auf jeden Fall ein Gefühl von Verwertbarkeit, das auch zu einer Erfahrung der Selbstbestätigung führt. »Es macht Spaß, mit ihm zu arbeiten, denn man weiß, daß er mehr verlangt und nimmt als andere Regisseure.«

Fassbinder in Ulli Lommels Film ›Adolf und Marlene‹

(Macha Méril) Kaum anders dürfte Fassbinders eigenes Verhältnis zu seiner Arbeit zu beurteilen sein: so erklärt sich wenigstens teilweise auch seine Produktivität, seine Besessenheit. Er arbeitet, um seine Existenz zu dokumentieren und, vor allem, um deren Berechtigung oder Notwendigkeit unter Beweis zu stellen. Je länger ich Fassbinder bei der Arbeit beobachtet habe, desto klarer wurde mir dieser Zwiespalt, den er in seiner Person vereint: Aufgrund seines politischen Bewußtseins, aufgrund der Produktionsweise seines Mediums – und nicht zuletzt wegen seines Bedarfs an Geborgenheitsgefühlen – hat Fassbinder das Bedürfnis nach gemeinsamer Produktivität, nach gemeinsamer Einsicht in das Ergebnis: nach einem mehr oder minder »sozialistischen« Schaffensprozeß. Andererseits jedoch gleicht er eher dem Typus des gefährdeten Künstlers der Romantik, der sich der extremen Abgründe, der Nachtseiten in sich, erschrocken bewußt wird. Daß er diesen Widerspruch nicht zu überwinden vermag in seiner Person, wird auch in seinen Filmen spürbar. Und so ist es kein Zufall, daß dem leidenschaftlich bösen ›Satansbraten‹, in dem Fassbinder einen von ihm theoretisch abgelehnten Zynismus einfach nicht mehr unter Kontrolle bekommt, ein zwar nicht weniger skeptischer, aber doch von der völligen Beherrschung der Form geprägter Film wie ›Chinesisches Roulette‹ folgt, in dessen Mittelpunkt ein Wahrheitsspiel steht.

Selbst in der filminteressierten Öffentlichkeit herrscht gegenwärtig heillose Verwirrung, wenn es darum geht, den kommerziellen Erfolg eines Films anhand konkreter Zahlen zu beurteilen. Wenn es heißt, ein Film hat eine Million Mark eingespielt, so besagt diese Zahl sehr wenig, solange nicht geklärt ist, wo und für wen, da sich die Einnahmen auf Filmtheater, Verleiher und Hersteller verteilen müssen. Bis eine Produktion sich auch nur amortisiert, muß sie praktisch ein Mehrfaches der Herstellungskosten an den Kinokassen einspielen.

Das Beispiel des mit einem vergleichsweise recht niedrigen Budget produzierten Films ›Satansbraten‹ macht dies sofort deutlich (um die Rechnung noch klarer werden zu lassen, sind die Herstellungskosten aufgerundet): Der Hersteller hat 600000 DM investiert; bekommt er genau diesen Betrag zurück, so hat er zwar keinen unmittelbaren Verlust, aber mit seiner Investition auch nichts verdient.

Im Fall von ›Satansbraten‹ könnte sich dies folgendermaßen zusammensetzen: 150000 DM sind durch einen Verkauf an eine Fernseh-Anstalt möglich. Weiter erwartet der Verleiher des Films (Filmverlag der Autoren) durch Auslandsverkäufe einen Erlös für den Hersteller von nochmals etwa 150000 DM; Unkosten für den Auslandsvertrieb und dessen Gewinn sind dabei bereits abgezogen. Die verbleibenden 300000 DM zur vollen Deckung der Herstellungskosten müssen an den inländischen Kinokassen eingespielt werden. Dafür sind beim Verleih, der für den Einsatz des Films mit Vorkosten von etwa 200000 DM rechnet, Brutto-Einnahmen von etwa 800000 DM erforderlich, denn der Verleih muß ja seinerseits gewinnbringend arbeiten. Einem Verleih-Brutto-Ertrag von 800000 DM entsprechen etwa 1,8 Mio. DM Einnahmen an den Kinokassen. Das heißt, etwa 300000 Besucher sind notwendig, um die Herstellungskosten von 600000 DM wieder einspielen zu können. Allerdings kommt ein Produzent bei dieser Einspiellage auch in den Genuß der automatischen Grundförderung der Filmförderungsanstalt und erhält zweckgebundene Mittel für die Herstellung eines neuen Spielfilms.

Fassbinder ist mit den Produktionen ›Effi Briest‹, ›Angst essen Seele auf‹ und ›Zärtlichkeit der Wölfe‹ (den zwar Ulli Lommel inszeniert, Fassbinder jedoch produziert hatte) in den Genuß dieser Förderung gekommen – auch dies mag zum Teil seine Aktivität im Spielfilm erklären.

Szenenvorbereitung in ›Ich will doch nur, daß ihr mich liebt‹

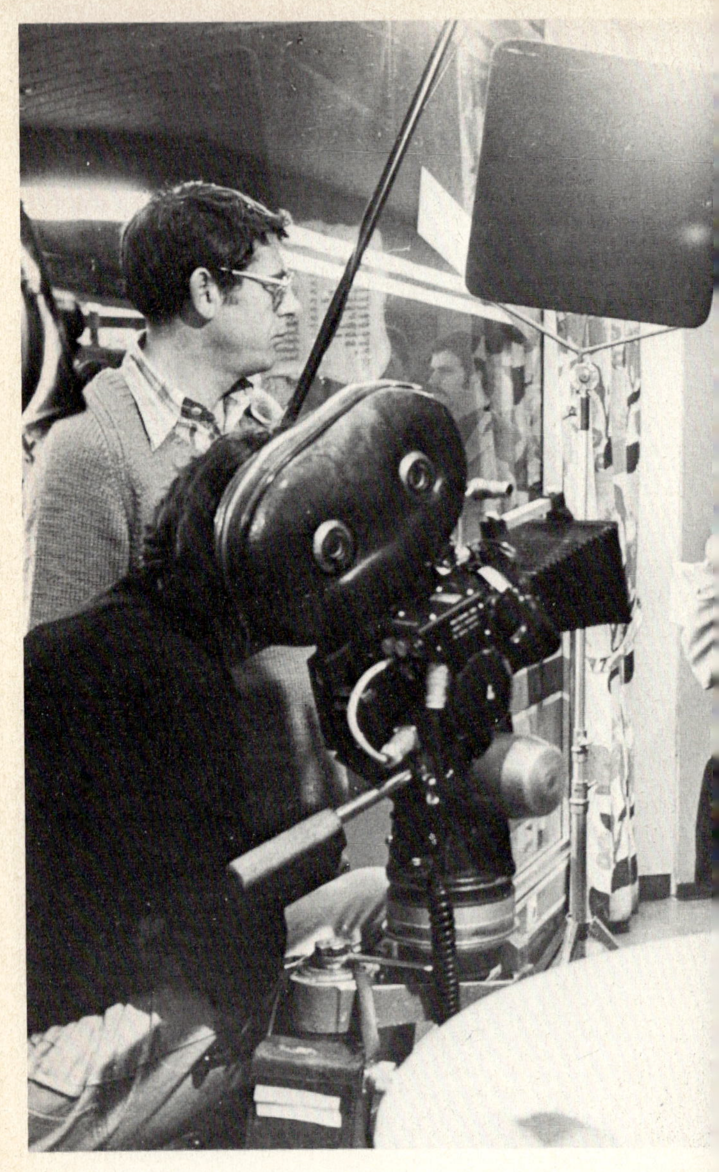

Um 300000 Zuschauer für einen Film zu erreichen, der sich nicht sehr marktkonform verhält, muß von seiten des Verleihs ein gutes Stück Arbeit geleistet werden. (›Ich will doch nur, daß ihr mich liebt‹ war eine reine Fernsehproduktion; an eine Veröffentlichung des Films im Kino ist im Grunde nicht mehr zu denken – selbst für nichtgewerbliche Vorführungen dürfte er nur in den seltensten Fällen zur Verfügung stehen. Die Verträge mit allen Mitarbeitern an dieser Produktion sehen diese Auswertung praktisch nicht vor, also müßte ihre Zustimmung in jedem einzelnen Fall eingeholt werden, Honorarsätze müßten geändert und im Grunde sogar die Struktur der Verträge geändert werden. Solange da nichts entscheidend Neues geschieht und die gesamte Rechtsbasis überprüft wird, werden Fernsehproduktionen immer nur ganz eindimensional verwertbar bleiben.) Da auch für ›Chinesisches Roulette‹ über ein halbes Jahr vor dem Start im Kino noch keine nennenswerten Überlegungen beim Verleih (ebenfalls Filmverlag der Autoren) angestellt wurden, ist ›Satansbraten‹ unter den hier verfolgten Arbeiten gegenwärtig die einzige, deren Kinostart in der Vorbereitungszeit beobachtet werden konnte.

Fassbinders Kinofilme sind fast ausnahmslos vom Filmverlag der Autoren verliehen worden, und in dieser Kontinuität liegt zweifellos ein Vorteil: sie ermöglicht ein sensibleres Reagieren auf die Marktsituation, wie es die Verschiebung des Starts von ›Satansbraten‹ um fast ein halbes Jahr zeigt.

1974 hatten sich zwei in ganz kurzen Intervallen gestartete Filme Fassbinders gegenseitig gestützt: ›Angst essen Seele auf‹ und ›Effi Briest‹; beide, noch mit dem Rückenwind eines Festival-Erfolgs ausgestattet (Cannes und Berlin), wurden ein voller Erfolg im Kino der Bundesrepublik. 1975 jedoch hatten die dicht aufeinanderfolgenden Veröffentlichungen von zwei Fassbinder-Filmen, von ›Faustrecht der Freiheit‹ und ›Mutter Küsters Fahrt zum Himmel‹ nicht mehr dazu gedient, den Regisseur im öffentlichen Interesse noch präsenter zu machen. Auch sein Abschied vom Frankfurter Theater am Turm könnte, so glaubt man jedenfalls im Filmverlag, seinem öffentlichen Ansehen erheblich geschadet haben. So sieht man auch für 1976 das Problem einer »Marktverstopfung für Fassbinder-Filme«, wie es Laurens Straub, Geschäftsführer des Filmverlags, formuliert.

Nun bringt im Frühsommer 1976 der Filmverlag Daniel Schmids ›Schatten der Engel‹ ins Kino. Da Fassbinder als Drehbuchautor, Darsteller und Produzent an dem Projekt beteiligt war, wird es kaum zu vermeiden sein, daß ›Schatten der Engel‹ in der Öffentlichkeit ebenfalls als Fassbinders Werk eingestuft wird – zumal damit zu rechnen ist, daß durch den Film auch die im Zusammenhang mit dem Projekt ›Die Erde ist unbewohnbar wie der Mond‹ geführte Antisemitismus-Diskussion Fortsetzung finden wird. »In dieser Situation finde ich, daß zwei so grundverschiedene Filme wie ›Schatten der Engel‹ und ›Satansbraten‹, die zwar Beziehungen zueinander haben, aber dennoch ein sehr verschiedenes Klima und eine sehr verschiedene Aufmerksamkeit für ihre Veröffentlichung brauchen, nicht fast gleichzeitig auf dem Markt erscheinen dürfen.« (Straub) Der Start von ›Satansbraten‹, ursprünglich schon für Mai 1976 angesetzt, wurde deswegen in den Herbst verschoben; möglicherweise wird er seine Uraufführung in einer Sonderveranstaltung der Mannheimer Filmwoche (Oktober) oder beim Festival in San Sebastian (September) erleben.

Die Planung eines Filmeinsatzes beginnt in der Regel schon mit seiner Produktion, so auch bei ›Satansbraten‹, für den der Filmverlag eine mit ›Schatten der Engel‹ kombinierte Verleihgarantie geleistet hatte, die im Herbst 1975 schon auszuzahlen war. Bei der Jahresmitgliederversammlung um Weihnachten 1975 erstellte dann der Filmverlag sein neues Programm für die kommende Saison, auch dabei ist bereits diskutiert worden, an welche Filmtheater die einzelnen Filme der Verleihstaffel vermietet werden sollten. Zu diesem Zeitpunkt erfolgt auch die erste Diskussion über die Art der Werbung, die ja bereits in das veröffentlichte Gesamtprogramm Eingang findet. »Von da ab haben wir uns natürlich auch laufend mit ›Satansbraten‹ beschäftigt; wir sind damals schon mit Fassbinder übereingekommen, in welcher Art von Filmtheatern wir den Film zeigen sollten, und die haben wir dann im letzten halben Jahr angesprochen, anschließend wurden die Leihverträge realisiert. Das ist eine Form von permanenter Arbeit, die sich nicht öffentlich, sondern praktisch im Dunkeln abspielt; sie drückt sich dann darin aus, daß ein Film in die entsprechenden Kinos kommt.« (Straub)

Auch beim Filmverlag ist es praktisch notwendig geworden, eine Ware bereits zu verkaufen, bevor man sie genau kennt. Entscheidend für den Erfolg eines Films – natürlich neben seiner Qualität – ist die Frage, ob es gelingt, ihn in einer angemessenen Erwartungshaltung zu publizieren. »Dies ist etwas, mit dem man sehr genau umgehen muß, man muß in einer sehr präzisen Redaktion zur wirklichen Qualität eines Films kommen – und dies ist im Grunde fast unmöglich zu leisten, da es in der Regel auf der Grundlage von Fotos, Besetzungslisten, Exposés oder Drehbüchern bereits geschehen muß. Selbst bei Fassbinder nicht, den wir doch sehr genau

Margit Carstensen und Kurt Raab in ›Satansbraten‹

kennen – auch dann nicht, wenn wir einkalkulieren, daß er unsere Vorstellungen doch wieder auf den Kopf stellt. Genau in den Griff kriegt man das nur, wenn man den fertigen Film gesehen hat.« (Straub)

Der Geschäftsführer des Filmverlags hat insgesamt nur dreimal ein Drehbuch von Fassbinder lesen können, bevor es in Produktion ging – dies immer dann, wenn eine überdurchschnittlich hohe Verleihgarantie zu leisten war. In der Regel erzählt Fassbinder nur die Geschichte, die er verfilmen will, läßt sich aber mit dem Verleih nicht auf Diskussionen über Drehbücher ein. (Auch gegenüber Fernsehredakteuren versucht Fassbinder, diese Position zu behaupten). Von ›Satansbraten‹ hat Laurens Straub nur ein Exposé zu lesen bekommen. Die konkrete Beschäftigung mit dem Einsatz des Films war so erst im Frühjahr 1976 möglich, als der Film zunächst in einer Arbeitskopie, dann in der O-Kopie vorgeführt worden war; erst dann läßt sich detailliert die Frage nach den besten Startbedingungen stellen.

Inzwischen sieht man beim Filmverlag die Erwartungshaltungen gegenüber einem neuen Film von Fassbinder sehr genau: »Es gibt eine Strömung im Publikum, die sagt: ›Fassbinder, wir haben dich reich und berühmt gemacht, nun gib uns die schöne Kunst, mach uns noch eine ›Effi Briest‹, und wir werden dich lieben!‹ – Fassbinder tut das nicht. Die andere Strömung im Publikum sagt: ›Wir akzeptieren Fassbinder als jemand, der sich zur Gesellschaft quer stellt und darin seine Produktivität hat‹, aber das ist eine ganz andere Publikumsschicht. Nun sehe ich in ›Satansbraten‹ Fassbinders Bemühungen sehr deutlich, diese beiden Strömungen miteinander zu versöhnen. Nun muß man alles öffnen, was diesen Film zunächst so verschlossen erscheinen läßt. Je direkter und persönlicher sich jemand äußert, desto größer sollte auch das feedback sein, wenn er seine Mittel beherrscht – und das kann man ja bei Fassbinder voraussetzen.«

Wichtigste Aufgabe für den Verleih ist es nun, dem Publikum klarzumachen, daß es bei ›Satansbraten‹ mit einer völlig neuen Art von Fassbinder-Film konfrontiert wird. Er selbst nimmt darauf in der Regel keinen Einfluß, man unterhält sich allenfalls pro Film einen Tag – allerdings würde er »sofort aktiv werden, wenn was schief geht, das haben wir ja auch schon erlebt.« (Straub) Für den erfolgreichen Start eines Films sind in der Regel beträchtliche finanzielle Investitionen notwendig; bei manchen Hollywoodfilmen hat allein die Werbung mehr gekostet als die gesamte Herstellung eines Films wie ›Satansbraten‹ – obwohl auch dieser nicht ohne Aufwand gestartet werden soll: In zehn Städten, in zehn oder mehr großen Kinos. Straub rechnet dafür mit Kosten zwischen 120000 DM und 150000 DM. Dafür sind zunächst einmal zehn Serienkopien zu bezahlen, von denen jede etwa zweieinhalbtausend Mark kosten wird. Hauptkostenfaktor ist die Direktwerbung; vor allem die Anzeigen in den Tageszeitungen zum Start, von denen der Verleih in der ersten Phase fünfzig Prozent übernimmt (die andere Hälfte trägt das Filmtheater), sind ziemlich kostspielig; erst im Verlauf der weiteren Auswertung senkt sich die Beteiligung auf etwa 15 Prozent. Hinzu kommen Direktwerbungskosten, Plakatierung, Handzettel, Pressekonferenzen, Schauspieler-Tourneen und andere ähnliche Maßnahmen.

Die Verträge mit den Filmtheatern, in denen ›Satansbraten‹ im Oktober 1976 anlaufen soll, sind im Frühsommer des Jahres bereits abgeschlossen – noch bevor die Kinobesitzer selbst Gelegenheit hatten, den Film zu sehen. Dabei handelt es sich um Filmtheater mit einer Mischung aus »ambitioniertem Programm und Kommerz«. (Straub)

Über die Frage nach der Art der Kinos, in denen ›Satansbraten‹ anlaufen wird, ist man sich beim Filmverlag schon nach den ersten Gesprächen mit Fassbinder einig geworden: »Wir haben einen Film erwartet, der einen Vaudeville- oder Grand-Guignol-Aspekt hat. Einen lauten, knalligen und vielleicht auch komischen Film. Überhaupt sehe ich in der ganzen Entwicklung Fassbinders nach ›Effi Briest‹ einen Versuch von ihm, Avantgardist des populären Kinos zu sein; er arbeitet daran, sich definitiv vom ganzen Kulturbetrieb abzuwenden, dies unter Aufrechterhaltung seiner moralischen und filmästhetischen Prinzipien.« (Straub)

Präzisere Vorstellungen vom »typischen« Besucher des ›Satansbraten‹ können freilich erst nach einigen Testvorführungen entwikkelt werden. Eine erste Untersuchung, von einem Psychologen mit 40 Testpersonen angefertigt, liegt bereits mehrere Monate vor dem Start vor. Das Ergebnis zeigt sehr deutlich, welche Widerstände gegen den Film vorhanden sein können: Es gibt keine oder nahezu keine Identifikationsebene in dem Film, seine Grundhaltung wird zunächst als eher böse empfunden, und das Publikum tendiert zur Ablehnung, solange es keinen anderen Halt bekommt. »Dies können dann die großartigen schauspielerischen Leistungen bieten, zudem muß man den Zuschauern auch eine inhaltliche Hilfe geben. Aber bei ›Satansbraten‹ ist es schon sehr schwierig, jetzt eine Prognose über den Erfolg stellen zu wollen. Der nächste Schritt für uns ist, in weiteren Testversuchen ein Bild zu bekommen davon, wen der Film anspricht und wen nicht. Im Moment allerdings können

Außenaufnahmen für ›Satansbraten‹

wir nur raten – bei diesem Film ist alles drin, ein sensationeller Erfolg und ein gewaltiger Flop.« (Straub)

Die weitere den Start von ›Satansbraten‹ vorbereitende Arbeit hat sich vor allem schon im direkten Kontakt mit dem Publikum zu entwickeln. Man wird Reaktionen beobachten und dabei immer wieder das Bild vom Film verändern müssen. »Das Problem bei ›Satansbraten‹ ist doch, daß man auf keinen Fall einen Unterhaltungswert versprechen darf, der nicht wirklich in ihm drin ist – auch wenn ich persönlich ihn sehr unterhaltend finde. Ein zusätzliches Problem ist vielleicht, daß ›Satansbraten‹ auf den ersten Blick keinen sehr intensiven Kontakt zur Wirklichkeit hat, und da muß man dann Orientierungen schaffen. Fassbinder und ich sind uns dabei völlig einig, daß die Orientierung nicht über ihn läuft – er darf nicht die Identifikationsfigur werden, und man darf nicht sagen, so würde das Innenleben von Rainer Werner Fassbinder aussehen. Das würde nicht nur nicht stimmen, das wäre eine Ausverkaufssituation, eine schnelle Lösung für die Boulevard-Blätter. Jetzt versuchen wir uns an einem Slogan in folgender Richtung: ›Wenn Sie das täten, was dieser Mann (gemeint ist der Protagonist des Films, Anm. d. A.) tut, so würden Sie wahrscheinlich in die Irrenanstalt kommen oder ins Gefängnis, oder von Ihrem Vater erschlagen werden – dieser jedoch wird reich und berühmt.‹ Es geht um das Sich-Trauen und Sich-Herausnehmen, um psychologische Inhaltsebenen, die in diesem Film eine wichtige Rolle spielen und die auch sehr verletzend sind, das muß man dem Zuschauer klarmachen. Aber eigentlich ist es für solche detaillierten Aussagen noch ein wenig zu früh.« (Straub)

*

Im Kino der Bundesrepublik ist ›Satansbraten‹ kein kommerzieller Erfolg geworden. Gestartet Ende Oktober 1976 mit nur sechs Kopien hat der Film nur in Ausnahmefällen eine Laufzeit von mehr als zwei Wochen erzielen können; dabei zeigte sich naturgemäß ein starkes Gefälle zwischen dem Publikumszuspruch in Groß- und Universitätsstädten und der »Provinz«, in der der Film keinerlei Interesse finden konnte. Insgesamt hat ›Satansbraten‹ dem Filmverlag der Autoren eine Verleih-Brutto-Einnahme von ca. DM 90000 erbracht, also weitaus weniger, als der optimistische Laurens Straub erwartet hatte.

Die Uraufführung von ›Satansbraten‹ bei der Mannheimer Filmwoche (Anfang Oktober 1976) kam einem Skandal gleich: »Die Mannheimer Festivalbesucher haben Fassbinders gerade für ein traditionell linkes Publikum skandalöse Einladung angenommen, sich mit greller Obszönität, mit Weiberhaß und Masochismus zu amüsieren. Soviel auch während des Films gelacht wurde, hinterher ging der intellektuelle Rollo herunter, wurde die perfide Attraktivität des Vorgeführten verdrängt. Am Mitternachts-Stammtisch fiel ein zähnefletschendes Publikum über Fassbinder und seine Mitstreiter her, wollte keine Auseinandersetzung mit ihm führen, sondern Blut sehen. Gegenseitig bestätigten sich die Diskutanten, wie turmhoch sie doch über diesen Ferkeleien stünden...« (Kraft Wetzel in der ›Frankfurter Allgemeinen Zeitung‹)

Erstaunlich ist dennoch die Reaktion der bundesdeutschen Filmkritik auf ›Satansbraten‹: Fassbinder konnte sich schon vor dem Start des Films keiner breiten Beliebtheit bei den Filmkritikern erfreuen, somit war zu erwarten, daß sie auf die Provokationen dieses Films besonders böse reagieren würden. Dennoch fielen die Kritiken der wichtigsten Publikationen keineswegs negativ aus: »Endlich weint Fassbinder nicht mehr, sondern fängt an zu schreien, durchdringend genug, daß die Nachbarn gegen die Wände klopfen und sich Ruhe ausbitten. Mit ›Satansbraten‹, so scheint es, hat sich Fassbinder befreit aus seiner fatalistischen Lethargie, holt er aus zu einem Rundschlag gegen alle Gebote des guten Geschmacks. ›Satansbraten‹ ist seine erste Komödie, eine ungemein schrille, unberechenbare Horror-Farce mit Anleihen beim Slapstick und bei den Marx-Brothers, bei Luis Buñuel und Antonin Artaud: ein entschieden grausamer, gnadenloser Film, dessen Brutalität man freilich nicht mißverstehen darf...« (Hans C. Blumenberg in ›Die Zeit‹) – »Der ›Satansbraten‹ ist ein Produkt genauer Kenntnis des Kulturbetriebs – und mit dem Dreckskerl, den Fassbinder da mit beispielloser Wortgemeinheit erbarmungslos entblößt, hat es schon seine Richtigkeit« (Ponkie in der ›Abendzeitung‹) – »Der ›Satansbraten‹ stößt uns auf diese gesellschaftlichen, die moralischen Konventionen, in denen wir verstrickt sind. Insofern ist dieser Film für mich nicht minder politisch als etwa ein engagierter Dokumentarfilm gegen Pinochet – beide Filmarten sind notwendig und ergänzen einander. Daß Fassbinders Film in Mannheim von einigen linken Filmemachern rigoros abgelehnt wurde, läßt auf ein lädiertes Selbstverständnis dieser Linken schließen: Manch einer denkt halt lieber über die Verhältnisse in Portugal oder in der Auto-Industrie nach als über das Verhältnis, das er zu den Menschen hat, mit denen

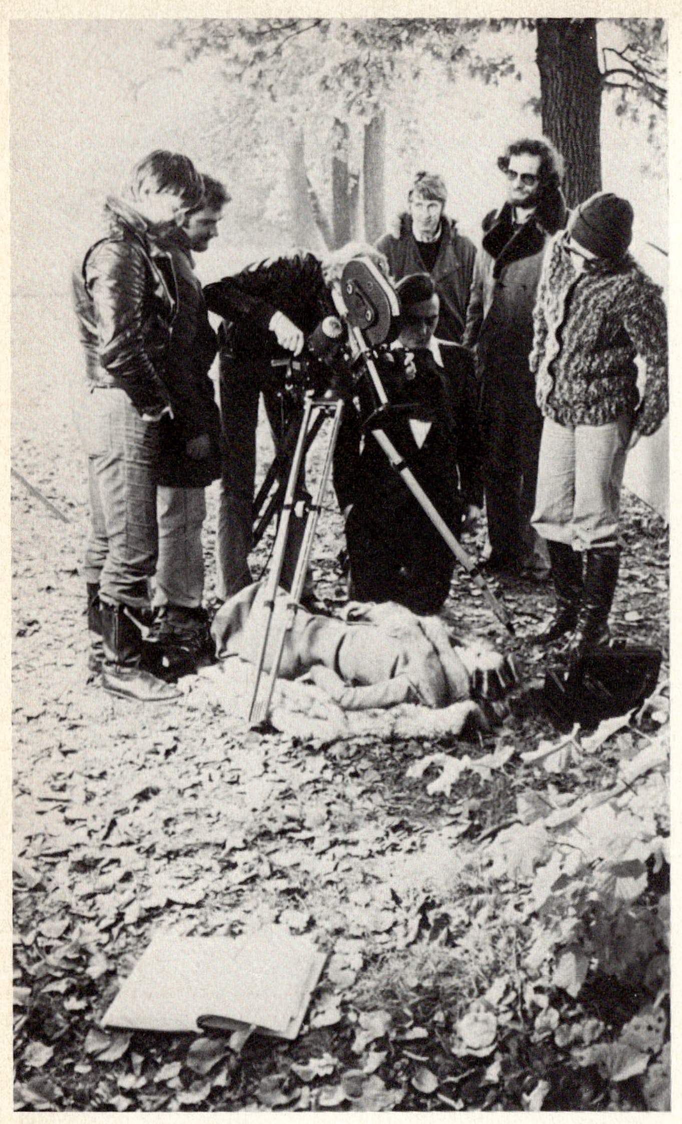

Fassbinder, Kurt Raab (kniend) und Ingrid Caven (liegend), Aufnahme einer Einstellung für ›Satansbraten‹

er lebt. Für mich hat Rainer Werner Fassbinder einen sehr ehrlichen, sehr persönlichen und äußerst betroffen machenden Film vorgelegt.« (Klaus Eder in ›Medium‹) – »In keinem von Fassbinders Filmen steckt soviel Wut aus Verletzung, soviel Menschenverachtung aus Liebebedürftigkeit und schließlich soviel Selbsthaß aus Angst... Nicht selten gewinnt man den Eindruck, ›Satansbraten‹ sei die obsessive Ausschlachtung des eigenen Werks, ein quallustvolles Autodafé früherer Motive und Filme« (Wolfram Schütte in der ›Frankfurter Rundschau‹) – »Für eine Überraschung ist er halt doch immer noch gut. Wer schon fest davon überzeugt war, daß sich Rainer Werner Fassbinder nun endgültig zwischen beleidigter Larmoyanz und ungenauer Provokation festgefahren hatte, der wird mit ›Satansbraten‹ gründlich eines anderen belehrt. So konsequent und unbeirrbar wie einst die herrliche, traurig-sanfte ›Effi Briest‹, aber andererseits so bösartig und angriffslustig wie bisher noch kein deutscher Film nach dem Kriege, wirkt ›Satansbraten‹ wie eine Befreiung – nicht etwa nur von Fassbinders eigenen Traumata (das wäre zu privat), sondern, viel wichtiger, von der lähmenden Resignation eines einschläfernden Geisteslebens, in dem so viele Hoffnungen versackt sind.« (Peter Buchka in der ›Süddeutschen Zeitung‹)

Selbst in den negativen Kritiken war jene Betroffenheit über ›Satansbraten‹ zu spüren: was die einen lobten, provozierte die anderen Kritiker zur Ablehnung: »Zynismus ist auch gekränkte Zärtlichkeit. Fassbinders Erfahrungen mit seinem Kreis haben ihm wohl klargemacht, daß man, einmal in die Herrenrolle gedrängt, zur Sklaverei geradezu verpflichtet wird. Auf der Strecke bleibt die Zärtlichkeit. Doch Fassbinder verkriecht sich angesichts dieser Erkenntnis nicht wie Fellinis Alterego in ›Achteinhalb‹ unter den Tisch und stopft sich die Ohren zu und träumt von seiner Kindheit, Fassbinder bleibt in seinem Cocon von Abhängigkeiten verstrickt, wo Ausbruch neuen Aufbruch bedeuten könnte.« (Wolfgang Limmer in ›Der Spiegel‹) Noch offensichtlicher ist die Motivation für die Ablehnung des Films im ›film-dienst‹ zu spüren, der vom Katholischen Institut für Medieninformation herausgegeben wird: »Was ›Satansbraten‹ so fatal macht, ist seine formale Meisterschaft. Noch bei den peinlichsten Entgleisungen spürt man die Hand eines überragenden Regisseurs, der an das falsche Drehbuch geraten ist... Fassbinders Verzweiflung in Ehren – aber dieser filmische Amoklauf sollte möglichst bald vom Staub der Archive bedeckt werden.« (hMa. im ›film-dienst‹)

Es scheint, als wäre der vernichtende Wunsch des zuletzt zitierten

Kritikers mehr oder minder in Erfüllung gegangen. Obwohl ›Satansbraten‹ sogar das Prädikat »besonders wertvoll« der Filmbewertungsstelle (einer Einrichtung der Bundesländer) erhalten hatte, verschwand der Film nach den wenigen Wochen seiner Erstaufführung weitgehend aus den Filmtheatern der Bundesrepublik und erhält heute allenfalls Eintags-Termine in kleineren Studio- oder Filmkunstkinos, in Filmclubs oder kommunalen Spielstellen. Auch ›Chinesisches Roulette‹ wurde kein nennenswerter kommerzieller Erfolg. Dennoch konnte Fassbinder 1977 neben einer Romanverfilmung fürs Fernsehen (›Bolwieser‹, nach Oskar Maria Graf) sein bislang teuerstes Projekt realisieren: ›Despair‹, nach dem gleichnamigen Roman von Vladimir Nabokov, mit Dirk Bogarde und Andrea Ferreol in den Hauptrollen. 1978 verwirklichte Fassbinder ein schon einige Jahre altes Lieblingsprojekt: ›Die Ehe der Maria Braun‹, nach einem eigenen Drehbuch. Im Sommer 1979 wird er mit einem weiteren Film beginnen: Die Adaption von Alfred Döblins Roman ›Berlin Alexanderplatz‹, der bereits 1931 von Piel Jutzi verfilmt worden ist. Seine Unermüdlichkeit hält an.